Green Development of Chinese Cities: Scale and Total Factor Productivity

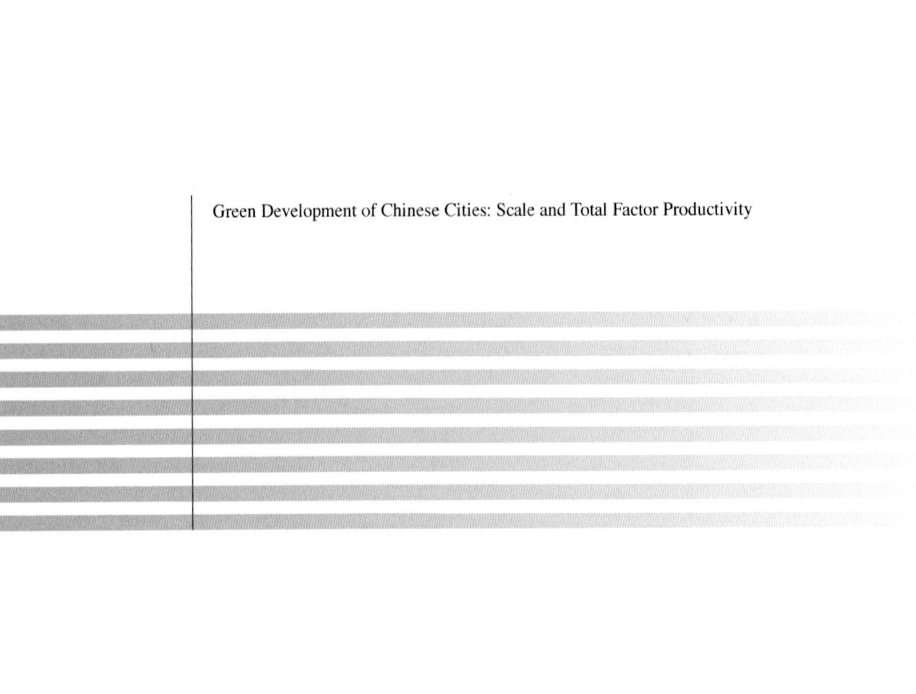

中央财经大学财经研究院
北京市哲学社会科学北京财经研究基地 学术文库

李姗姗 著

中国城市的绿色发展：规模与全要素生产率

Green Development of Chinese Cities: Scale and Total Factor Productivity

中国财经出版传媒集团
经济科学出版社
Economic Science Press

图书在版编目（CIP）数据

中国城市的绿色发展：规模与全要素生产率/李姗姗著.
—北京：经济科学出版社，2021.3
（中央财经大学财经研究院、北京市哲学社会科学
北京财经研究基地学术文库）
ISBN 978-7-5218-2466-7

Ⅰ.①中… Ⅱ.①李… Ⅲ.①城市经济-绿色经济-经济发展-研究-中国②城市经济-绿色经济-全要素生产率-研究-中国 Ⅳ.①F299.2

中国版本图书馆 CIP 数据核字（2021）第 057039 号

责任编辑：于海汛 陈 晨
责任校对：隗立娜
责任印制：范 艳 张佳裕

中国城市的绿色发展：规模与全要素生产率
李姗姗 著
经济科学出版社出版、发行 新华书店经销
社址：北京市海淀区阜成路甲 28 号 邮编：100142
总编部电话：010-88191217 发行部电话：010-88191522
网址：www.esp.com.cn
电子邮箱：esp@esp.com.cn
天猫网店：经济科学出版社旗舰店
网址：http://jjkxcbs.tmall.com
北京季蜂印刷有限公司印装
710×1000 16 开 9.5 印张 150000 字
2021 年 3 月第 1 版 2021 年 3 月第 1 次印刷
ISBN 978-7-5218-2466-7 定价：45.00 元
（图书出现印装问题，本社负责调换。电话：010-88191510）

前　言

经济活动的空间集聚，一方面形成了集聚的正效应，包含共享、匹配和学习机制；另一方面也形成了集聚的负效应，包含地租和通勤、拥挤、环境污染等其他纯外部不经济，集聚正效应与集聚负效应的合力形成了城市集聚的净效应，即城市集聚的效率。在集聚水平较低的时候，集聚经济的效应并不明显，由此产生的边际集聚效应变化缓慢；随着集聚力的不断增强，集聚正效应日益突出，边际集聚效应则显著提升。当集聚达到一定的规模后，集聚经济的作用受到限制，边际集聚效应出现递减的特征。对于城市集聚效率的考察可以通过构造最优前沿面，处于前沿面上的集聚水平都是最优的。而对于不同规模的城市来说，最优集聚效率是不同的，城市集聚存在多个最优集聚效率。

本书在“动态—静态”两个维度下，研究区域格局变动下的“城市整体—规模等级”两个层次的城市发展，通过测算环境约束下城市绿色全要素生产率，来考察城市集聚的效率，并进一步探析集聚正反馈机制与集聚负反馈机制对城市效率的影响机制。

本书在“集聚—技术进步—城市规模效率”的理论框架下，从中国城镇化进程的角度，对区域层面的中国经济动态演变和城市层面的经济集聚与扩散进行了整体把握。中国的城镇化道路是市场的集聚力与政府的分散力博弈的过程，在工业化驱动下，劳动力、资本等要素自发向市场规模较大的城市集聚，形成集聚力；政府则通过政策手段在区域层面和城市层面分解集聚力。

本书在对中国城市规模演化进程分析的基础上，通过方向性距离函数和 Malmquist - Luenberger（ML）生产率指标测度城市数量较稳定的 2004 ~ 2012 年中国 285 个地级以上城市的静态绿色效率和动态 ML 生产率指标以及绿色全要素生产力，以考察非期望产出下的城市绿色生产率。将环境污染作为非期望产出后计算的城市绿色全要素生产率较无环境约束下的城市全要素生产率出现一定程度的下降，环境污染直接影响了城市经济增长的质量。进一步对城市绿色全要素生产率进行分解得到，城市绿色全要素生产率的提高由效率改进主导，技术改进对城市绿色全要素生产率提高的主导作用有所减弱。按照城市规模来分别考察城市绿色全要素生产率发现，巨型城市的经济发展质量远高于其他城市，巨型城市均处于绿色技术前沿，其他规模城市均未达到技术前沿。巨型城市的 ML 生产率指标是增长的，特大城市、大城市、中等城市、小城市和巨型城市分别出现了不同程度的倒退。巨型城市的技术进步是绿色全要素生产率的主导力量。大城市和小城市的效率改进大于 1，表明其效率水平是提高的，但是由于技术进步降低的程度更高，导致其 ML 生产率指标出现下降。

更进一步，本书在测算出城市绿色全要素生产率的基础上，考察空间集聚对城市绿色全要素生产率的影响。从空间集聚对城市绿色全要生产率来看，城市规模与城市效率呈现显著的倒 U 形关系，随着城市空间集聚的增长，城市最优规模将会扩大。城市集聚是城市效率提高的重要来源，但是随着经济水平的提高，集聚对城市效率的促进作用将受到限制，进一步可以得到的结论是，城市之间的增长存在收敛现象。现行的城市土地利用方式和建设用地扩展模式在一定程度上制约了城市效率的提高。从城市规模等级来看：不同规模等级城市的具有差别化的最优城市规模。集聚对中小城市，尤其是小城市的效力提高具有极大的推动作用。集聚对巨型城市、特大城市和大城市效率的作用受到经济发展水平的制约，经济增长的收敛效应抵消了城市集聚效应的发挥；集聚在中小城市的发生能够显著促进中小城市效率的提高，中小城市能够更多地在外部性中获益。

本书考察集聚负效应对城市绿色全要素生产率的影响。结果显示千人汽车保有量、就业密度等拥堵效用变量对城市效率的提高具有显著的负向作用。从不同规模城市来考察，大城市与中等城市千人汽车保有量对城市绿色全要素生产率的影响显著为负，而小城市千人汽车保有量对城市绿色全要素生产率依然有拉动作用。大城市环境污染对生产率的负效应较中小城市更为严重。结合城市绿色全要素生产率，城市绿色全要素生产率随城市规模的降低而减小，环境污染对城市的副作用随城市规模的提高而增加，这进一步说明，大规模城市的经济增长是一种高水平协调，通过期望产出对非期望产出绝对规模的超越，以及环境治理技术、管理方式的进步，取得城市绿色全要素生产率的进步。

目　录 CONTENTS

第一章 绪　论

第一节　问题由来

改革开放以来，伴随着工业化进程加速，中国城镇化经历了一个起点低、速度快的发展过程。1978～2019年，城镇常住人口从1.7亿人增加到8.5亿人，城镇化率从17.9%提升到60.6%；城市数量从193个增加到668个（其中地级市293个，县级市375个），建制镇数量从2173个增加到21297个。京津冀、长江三角洲、珠江三角洲三大城市群以2.8%的国土面积集聚了29%的人口，创造了43%的国内生产总值①，成为带动中国经济快速增长和参与国际经济合作与竞争的主要平台。城镇化的快速推进，吸纳了大量农村劳动力转移就业，提高了城乡生产要素配置效率，推动了国民经济持续快速发展，带来了社会结构深刻变革。但是，在城镇化进程中，也伴随着新进城人员无法融入城市生活中，土地城镇化与人口城镇化不同步，城市（镇）空间布局不合理，环境约束日渐增强，生态环境成本逐步上升等问题。

2015年10月29日，习近平总书记在党的十八届五中全会上的讲话鲜明提出了“创新、协调、绿色、开放、共享”的五大发展理念②；2018年3月

① 国家统计局（https：//data.stats.gov.cn）统计数据整理所得。

② 中共十八届五中全会在京举行［EB/OL］．人民网，http：//politics.people.com.cn/n/2015/1030/c1001_27755913.html.

11 日，第十三届全国人民代表大会第一次会议通过中华人民共和国宪法修正案，在“自力更生，艰苦奋斗”前增写“贯彻新发展理念”。[①] 其中，坚持绿色发展就是要建设人与自然和谐共生的现代化，建设美丽中国。我国已由高速增长阶段转向高质量发展阶段，正处在转变发展方式、优化经济结构、转换增长动力的攻关期，必须坚持质量第一、效益优先，推动经济发展质量变革、效率变革，提高全要素生产率。但是，在当下的城镇化进程中，环境污染与城市集聚相伴而生，成为城市集聚的负效应，降低了城市集聚效率。将环境污染、城市拥堵等集聚的负效应纳入城市效率的考察中，才是城市集聚的净效率。效率与集聚是相伴相生的，在完全市场下，资源要素会自发向效率高的城市和地区集聚，进而在循环累积作用下不断自我强化，使其效率更高。但是，中国城市效率与城市空间集聚的现状究竟是怎样的关系？空间集聚能否有效促进城市效率的改进？不同规模等级城市的效率有什么差异？能够激发城市最大效率的最优城市规模临界点在哪里？

城市集聚是集聚力与分散力之和，集聚力源于集聚所带来的收益，分散力则源于集聚所带来的成本。因此在考察城市集聚经济时，并非单纯讨论城市集聚收益，而是城市集聚收益和成本之差，即净收益。城市集聚成本来源于不可流动要素、地租和通勤、拥挤和其他纯外部不经济。不可流动要素在全球化日益完善的今天，其作用是十分有限的。拥挤效应和其他纯外部不经济，如环境污染，造成的城市集聚成本上升已经开始显现。城市集聚成本与城市效率之间有怎样的关系？不同规模等级的城市对集聚成本的承受能力是否一样？如何通过拓展城市绿色全要素生产率，提升城市对集聚成本的承受能力？这些问题不仅是政策制定关注的焦点，也是科学研究需要解决的学术问题。

---

① 中华人民共和国宪法修正案［EB/OL］. 中国政府网，http：//www. gov. cn/xinwen/2018－03/11/content_527322. htm.

第二节　相关研究综述

一、集聚的起源：古典区位论

《孤立国同农业和国民经济的关系》一书是古典区位论的起源，杜能在该书中提出了农业区位论。农业区位论在发展中形成了三条支流：第一条支流是杜能在农业区位论的基础上对土地和地租的分析；第二条支流是威廉·劳恩哈特、韦伯通过对工厂选址的分析，提出了工业区位论；第三条支流是克里斯泰勒提出的中心地理论。杜能对地租的分析和克里斯泰勒的中心地理论，成为对城市经济学发展产生重大影响的两大理论。

其实早在18世纪，亚当·斯密就将空间因素纳入经济现象的市场分析中，但是能够借助模型来分析空间因素的第一人却是杜能。杜能通过将封闭经济设定在一个抽象的、理想的空间中，将运输成本作为距离的函数，实现对运输成本的剥离。通过这一严格的假设，杜能在《孤立国同农业和国民经济的关系》中阐明了一个原理：如果一种农作物能够通过集约化耕种实现单位产品总成本缩减的最大化，那么该作物能够产生的地租最高、最具有区位优势，这种作物将布局在离市场最近的地方。

"生产区位分析"是杜能研究的核心，但是到克里斯泰勒（Christaller）时期，"市场区位分析"成为当时研究的新的热点。《德国南部中心地原理》是中心地理论形成的标志，也奠定了克里斯泰勒在城市地理学领域奠基人的学术地位。克里斯泰勒在书中提到，他的中心地理论是农业区位论和工业区位论的延续和发展。在这本书中，克里斯泰勒没有仿照农业区位论的理想假设，而是通过消费者行为的假设，推演了城镇数量、规模等级和分布规律，其中最为经典的是推导出六边形的市场区域形状是最为典型的经济地理单元结构。[①]

克里斯泰勒的中心地理论在提出后产生了广泛影响，廖什在其启发下引入张伯伦的垄断竞争理论和一般均衡理论的思想，通过对农业区位论、工业区位论的总结，指出了其存在的不足，并做出改进。廖什指出：第一，生产布局和区位选择的决定性因素并非最低运费和最低生产成本，而是利润最大化，从这一点出发，静态、单一的区位论被廖什发展为动态、综合的区位论。第二，廖什延续克里斯泰勒中心地理论，认为经济活动是按照一定的规律分布在空间中的，最理想的空间分布秩序便是六边形的区域经济结构。第三，廖什将区位论的思想扩展到经济区、市场区、地区分工和国际贸易等领域，并提出区域规划、城市规划的方法论。廖什将对区位问题的理论研究引向了更广阔的宏观领域，而脱离了工业区位理论中的微观经济学（Ponsard，1983）[②]。

古典区位论的贡献者将经济学理论作为其研究的基本思想，广泛借助物理学、几何学甚至生物学的原理和概念，但是这种努力并不被主流经济学所认可。这是因为，在古典区位论的基础模型中，存在一个严重的漏洞，即简单假设城市和中央商务区原本就是存在的，在这一假设的基础上，分析城市土地利用和地租情况。虽然这一假设并不能称为错误，但是在很大程度上增加了研究的局限性，这样假设下的模型能够清晰地解释在已经形成的条件下如何使用城市土地，而不能够解释当城市的区位、数量和规模是内生时，如何利用土地。（Fujita，Krugman & Venables，1999）。此外，古典区位论中涉及的空间参数有相当一部分具有不可分性（indivisibility）和非连续性（discontinuity），这种性质使得边际分析在城市空间的研究中受阻，因此城市经济是如何产生的、其微观基础是什么等内在机理

① 与此同时，在20世纪20年代出现的垄断竞争理论将区位差别作为垄断厂商制定价格的垄断力的来源之一，并由此认为多边形的市场结构的消费顶点数量本身就是工厂决定最佳区位的一个变量。哈罗德·霍特林（Harold Hotelling）、爱德华·张伯伦（Edward Chamberlin）、阿巴·勒纳（Abba Lerner）及托尔德·帕兰德（Tord Palander）等是与空间竞争模型的建立与发展有关的一些主要学者。但是，克里斯塔勒理论中的六边形的经济地理单元结构更多的是继承了劳恩哈特（Launhardt，1882）的观点（Blaug，1999）。

② 尽管如此，廖什仍然被尊为区域经济学的先驱，正是廖什等人的努力使得区位理论逐渐发展成为一门独立的、新兴的边缘学科——区域经济学（Hoover，1975）。

性问题都无法达到解释。最后，从古典区位论的鼻祖杜能开始，一直强调数学工具在空间分析中的重要性和应用型，但是古典区位论仍未能够实现产出和价格的数学模型化（Samuelson，1952a）。

二、外部性的起源：新古典经济学

新古典经济学家马歇尔在《经济学原理》一书中描述了产业集聚的现象，并将这种企业在地理上集聚的区域称作“产业区”。在新古典经济学的框架下，马歇尔对于产业集聚的分析是以完全竞争和规模收益不变作为假设的，在这一假设前提下提出“外部经济”是解释生产同一类型产品的企业倾向于在相邻空间布局的原因，外部经济的三个来源是中间产品市场和专业化设施共享、劳动力市场共享和知识溢出，这也被称为“马歇尔外部性”（MAR）。

马歇尔提出的外部经济是开创性的，但是对于外部经济的数学模型化却是无能为力的，这正是长期以来主流经济学空间因素缺失的原因。“问题的难度主要取决于地域的空间变化和所考察市场延伸的时间段，其中时间的影响要比空间的影响更为根本。”马歇尔（Marshall，1920）的这句话诠释主流经济学对空间因素忽视的根本原因。正如克鲁格曼（Krugman，2000）也指出：“1890 年，马歇尔就已经提出了前后向关联、知识或技术的溢出、劳动力池三个产业区位的主要因素。而新经济地理学只是考虑其中一个实际上并不太重要的因素，仅仅是因为相对于其他因素这个因素易于模型化而已。”空间是城市经济活动的载体，虽然由于不可模型化的缺陷导致空间因素在城市经济学中不能被表达出来，但是新古典经济学家的思想对后期城市经济学家的研究是具有启发性的（Henderson，1974），从胡佛（Hoover，1948）开始，外部经济已经成为城市经济相关理论研究的重要一部分。

尽管新古典经济学由于种种原因在研究城市经济问题时没有考虑空间因素，但是还是对城市经济学产生了直接且重要的影响。在城市经济学中，不仅其理论基础有很大一部分来源于新古典经济学，而且它的研究范式、分析工具与模型构建都是在新古典经济学的框架下完成的。还有一点值得说明的是，虽然在古典经济学时期，亚当·斯密就提出了劳动分工与专业化对城市经济发展的重要作用，同时他也注意到了城乡居民收入差别的问题，但是，古典经济学的这一传统并没有延续下来，在斯密之后的古典经济学以及后来的新古典经济学中，都回避了对劳动分工和专业化的分析（Blaug，1999）。马歇尔用“规模经济”替代了劳动分工与专业化①，那么，对城市经济问题研究的核心也就由劳动分工与专业化问题转为了在分工既定的情况下，资源如何配置的问题（赵红军和尹伯成，2007）。马歇尔回避劳动分工，转而以资源配置作为核心问题的选择，对日后城市经济学的研究产生了重要的影响。

三、城市集聚的形成机制：新经济地理学的解释

新经济地理学将空间纳入主流经济学分析的框架中，将空间抽象为均质的平面，并假设不存在外生的差异化，经济活动的空间依然会有内生演化差异，历史因素等偶然性地外因作用经常是使经济活动发生改变的重要因素（安虎森，2010）。新经济地理学的模型意在表明，在没有外力的作用下，两个地区即便具有相同的初始条件，也依然会发生空间演化分异，空间集聚现象的产生会形成“核心—边缘”这一极端结构。

新经济地理学家通过各种模型来解释集聚现象的发生机制，但是这些集聚可以概括为一个共同的本质特征，即循环累积因果关系。在新经济地理学的研究中，“核心—边缘”模型是新经济地理学的基础模型，它阐述了循环累积因果关系在集聚形成机制中的作用，因此，了解“核心—边缘”模型对于理解基于新经济地理学理论的集聚机制具有基础性作用。

在克鲁格曼的“核心—边缘”模型中，基于“本地市场效应”和“价格指数效应”产生的循环累积效应是空间集聚得以实现的基石。本地

① 对于马歇尔对斯密的古典经济学的这种背弃的原因，不同学者给出了自己的看法。尼古拉斯·卡尔多（Kaldor，1939）认为马歇尔之所以抛弃劳动分工与专业化，很重要的一个原因是劳动分工所导致的规模报酬递增与马歇尔理论中的市场供求均衡（马歇尔交叉）所要求的规模报酬不变是不相容的。同时，技术方面的原因，也使得当时无法掌握劳动分工与专业化的动态过程。杨小凯（Yang，1990）也指出，马歇尔所面临的数学方面的局限使得他必须回避劳动分工带来的角点解问题，所以把劳动分工作为既定的因素就成为新古典经济学自然而然的选择。

市场效应是指，为了实现规模经济，以及出于节约运输费用和贸易成本的目的，工业企业偏好于在市场规模较大的区域布局，因此本地市场效应也可以称作市场规模效应。工业企业在本地市场效应的作用下向市场规模较大地区的集聚行为形成了集聚力。价格指数效应，也称为生活成本效应，是指在企业集聚的地区，当地企业生产的工业品能够优先供给当地居民，从外地输入工业品的数量和种类则会大量减少，这降低了当地居民对运输费用和贸易成本的支付，因此生活成本相对更低。在名义收入水平不变的条件下，价格指数较低使当地居民实际收入水平提高。价格指数效应使制造业人口向工业企业较多的地区集聚，形成另一股集聚力。本地市场效应带来了企业向某一地区的集聚，价格指数效应带来劳动力向企业较多的地区流动，劳动力的流动使当地市场规模得以进一步扩大，这种自我增强的机制就是“核心—边缘”模型中的循环累积因果关系。[①]

在“核心—边缘”模型中，与本地市场效应和价格指数效应产生的集聚力相伴而生的是抑制集聚的分散力。集聚力使企业不断向核心地区集中，当然，企业在某一地区的集中会争夺当地的消费者，每个企业都是其他企业的竞争者，企业在某一地区的过度集中，会降低其盈利能力。一些企业会考虑到竞争者因素而向企业数量相对较少的边缘地区转移或布局，这就形成了空间集聚的分散力，被称为市场拥挤效应，也叫作市场竞争效应。

因此，新经济地理学对空间集聚的解释是以市场规模为基础，将循环累积因果效应纳入分析框架，用本地市场效应和价格指数效应解释了经济活动的集聚机制；同时，伴随集聚产生的要素拥挤等集聚不经济因素形成了分散力。在集聚力和分散力的共同作用下，形成了现实世界多样化的经济活动空间格局，如图 1 -1 所示。

① 这种循环累积因果关系，借用系统动力学的术语被称为正反馈机制，是基于市场行为的前向关联和后向关联效应。

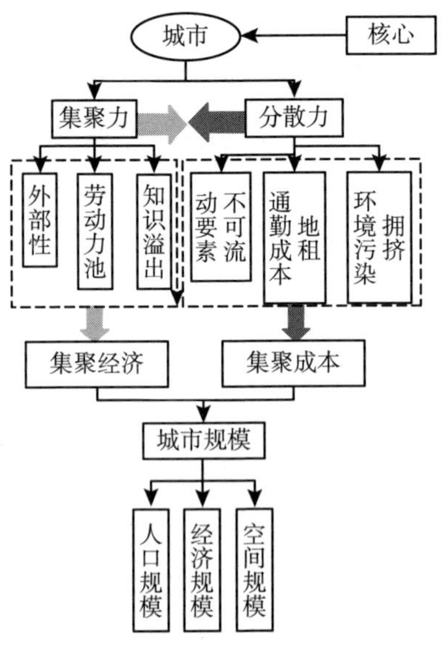

图1－1　城市集聚与扩散机制

四、城市集聚的负效应：来自城市经济学的补充

亨德森（Henderson，1974，1986）构建的城市体系一般均衡模型的思想来源于克里斯塔勒（Christaller，1933）和贝克曼（Beckman，1958）的中心规划理论，并结合了廖什（Lösch，1954）的零售商框架。亨德森的城市体系一般均衡模型将经济看作城市的集合，在城市规模和城市分布的研究中有广泛的应用（Henderson，1980，1988）。亨德森的基本观点是：城市内部产业的空间集中度和空间关联性形成外部经济，大城市的高通勤成本、高地租等形成了外部不经济，外部经济和外部不经济之间的合力体现了城市经济的净效应，城市规模与城市居民效用（使用人均实际收入水平表达）之间的倒U形关系是这种城市经济净效应的体现，即城市规模与居民效用是在不断地相互作用下实现平衡的。在初期，城市规模的扩大能够带来居民效用的提高，随着城市规模的进一步扩大，城市规模突破临界点后，居民效用出现下降，城市最佳规模出现的时候便是居民效用达到最大的时候。由于不同城市具有不同的价格水平，在价格水平的调整下，城市居民的效用水平将会达到统一，各类规模的城市都有一个最佳规

模，当某一类城市达到其最佳规模时，城市居民也会实现一致的效用水平，这即是亨德森城市体系模型的一般均衡状态。

在亨德森的研究框架下，城市经济学重点论述了两个层次的研究内容：一是单个城市层面，商业集中地的结构构成和密度梯度是城市内部结构的主要研究内容，密度梯度是商业集中地（商业中心区）之间距离的函数，密度梯度是非线性的，当商业集中地（商业中心区）之间的距离增加时，密度梯度的下降是呈指数变化态势的。二是城市体系层面，城市规模分布和城市间经济联系与职能分工是城市体系研究的主要内容。对城市规模分布的研究核心在于是否存在一般性的城市规模分布模式，如果存在这种模式，那么如何来描述这种分布模式。对这一研究，最为典型的成果是齐普夫法则（Zipf's Law），人口在城市间的分布模式呈现出明显的规模等级，这种一般性的分布模式被称为齐普夫法则。与此相关的研究是杰弗森（M. Jeferson，1939）提出的两种城市规模分布模式，即“首位城市”（primate cities）和“平衡城市”（balanced cities）。“首位城市”指某一国家或地区规模最大的城市人口往往是规模第二位城市人口的两倍，其发展受到最大规模城市的控制，这一城市对其国家或地区的经济活动产生巨大的集聚力。“平衡城市”则是指某一国家或地区的城市规模差距较小，城市发展较为平衡，城市的控制力小。相对欠发达国家城市的分布模式多为“首位城市”，欧洲国家的城市发展模式多为“平衡城市”（Puga，1998）。在城市体系内的城市间经济联系和职能分工理论中，处于城市体系顶端的是大城市（Hendersen，1988），自然禀赋和外部性优势使多样化的经济活动集聚于大城市，处于城市体系底部的小城市则具有专业化优势。

对比新经济地理学和城市经济学，其最根本的差异在于研究范式的差异。城市经济学的研究范式是在完全竞争和规模报酬不变的一般均衡框架下，不论是城市土地利用模型还是城市体系模型，均是这样；城市经济学对于非经济问题，如犯罪、环境污染、教育等问题的研究，并未纳入新经济地理学的研究框架。此外，城市经济学与新经济地理学的研究目的有所差异，城市经济学的目的更多在于为城市管理者提供更好的解决方案，而新经济地理学的研究目的在于解析空间组织方面的问题。虽然新经济地理学和城市经济学之间存在本质性差异，但是正如新经济地理学的开创者在其经典著作《空间经济学：城市、区域与国际贸易》（*The Spatial Economy*：*Cities*，*Regions and International Trade*）中所说的那样，“传统城市经济学对城市内和城市周围土地的利用以及城市存在的原因所提出的理论很有见地，把城市视为一个城市体系的观点也令人信服。我们不指望（新经济地理学）所采用的方法能够取代城市经济学的传统甚至与其展开竞争；相反，我们希望这两种方法能够互为补充”（Fujita，Krugman & Venables，1999）。

五、全要素生产率与技术效率的理论和实证研究

（一）全要素生产率的内涵

传统的经济理论认为要素投入和生产率的提高是经济增长主要源泉。但是随着经济理论和经济活动的发展，一个事实逐渐被研究者认识到，即要素投入仅能在一定时期内促进经济增长，随着要素投入的增加，要素的边际收益呈现递减趋势，因此经济长期的、可持续的增长必须依靠生产率的增长来实现。

全要素生产率（total factor productivity）最早由诺贝尔经济学奖得主——美国经济学家罗伯特·索洛（Robert M. Solow）提出，又被称为“索洛余量”。它被视为衡量科技进步的指标，从算式上表现为产出增长率超出要素（资本和劳动）投入增长率的余值部分。全要素生产率的来源主要包括三大部分：一是技术进步，特别是科学技术带来的生产力的提升；二是组织管理创新带来的效率提升；三是分工和专业化；等等。生产率的测算主要有两种方式——单要素生产率（parital factor productivity，PFP）和全要素生产率（total factor productivity，TFP）。其中，前者是指产出与某一具体生产要素（比如资本、劳动、土地等）之间的比值（即效率关系），而后者是指经济增长中用劳动力和资本所不能解释的部分，即技术进步对经济增长的拉动。

（二）技术效率的内涵

技术效率概念首先是由英国剑桥大学经济学家法瑞尔（Farrell，1957）提出的，并设定了标准的技术效率测算模型。在法瑞尔的研究中，他对技

术效率的定义是基于投入角度提出的，他假定生产技术和市场价格是不变的，在要素投入比例既定的前提下，投入一单位产品所需要的最小投入成本与实际投入成本之间的比例关系便是技术效率。在法瑞尔的研究之后，莱宾斯坦（1966）改变了技术效率的研究角度，从产出角度重新定义了技术效率，在产出角度下的技术效率是指，假定要素投入规模、要素投入结构和市场价格水平不变，实际产出水平与单位产品成本最小化投入之间的比值。莱宾斯坦从产出角度对技术效率的定义，是现在对技术效率研究中使用最广泛的。阿弗里亚特（S. N. Afriat，1972）首先使用计量方法对前沿生产函数模型进行研究。他使用最大似然估计法建立的前沿生产函数模型是具有统计性质的，计量经济学方法的应用意味着技术效率研究进入了新阶段。不论是从投入角度还是从产出角度研究技术效率都是理论上的探索，而后一系列学者提出了使用随机前沿生产函数方法对技术效率进行测算，随机前沿生产函数的应用使得将对于技术效率的应用成为可能。技术效率最新的研究将数学规划的思想和方法运用到技术效率的计算中，查恩斯和库珀（A. Charnes & W. Cooper）等人创立的数据包络方法，因为可以在多输出和多投入的条件下评价不同决策单元的相对有效性，成为计算技术效率最为流行和广泛接受的方法。

以上关于技术效率的定义较为晦涩，国内学者对其做了更为直观和相对容易理解的阐述。北京大学国家发展研究院的姚洋（2001）提出，需将技术效率（TE）和生产可能性边界（production frontier）联系起来使用。其中生产可能性边界指的是在理想条件下，一定要素投入所带来的最大产出形成的曲线。但实际情况中，企业往往达不到最大产出，故将相同要素等量投入下的产出与理想条件下的最大产出之间距离作为技术效率的衡量标准。直观来看，技术效率就是生产可能性边界与实际生产曲线之间的距离。生产可能性边界代表了某企业在最好的技术和管理条件下所达到的最大产出，而技术效率代表了企业在实际特定情况下与该最大产出之间的垂直落差。①

① 姚洋，章奇．中国工业企业技术效率分析［J］．经济研究，2001（10）：67.

（三）传统全要素生产率的测算

传统全要素生产率的测算从研究的方法来看，主要有四类：一是索洛余值法。索洛余值法最早由索洛（Solow）在1957年提出，基本思路是采用产出增长率扣除各要素投入增长率后的余值来估算全要素生产率增长。傅晓霞和吴利学（2006）利用该方法估算了我国各省份的全要素生产率水平；叶裕民（2002），李胜文和李大胜（2006）对全国及各省区市的TFP增长率进行了测算和分析。二是指数分析法。吴玉鸣和李建霞（2006）运用空间统计的Moran指数以及空间计量经济学的地理加权回归模型方法，对省级区域工业全要素生产率进行了测算分析。法勒等（Fare et al.，1994）、岳书敬和刘朝明（2006）、庞瑞芝和杨慧（2008）、章祥荪和贵斌威（2008）、赵家章和宗晓华（2009）、魏下海（2009）、陶长琪和齐亚伟（2010）分别利用Malmquist指数法对省区TFP增长进行估算和分解；拉尔等（Lall et al.，2002）用Malmquist指数，测算了1978~1994年西半球30个国家和地区的TFP增长、效率进步和技术进步。三是随机前沿分析法（SFA）。该方法最初由艾格纳、洛弗和施密特（Aigner，Lover & Schmidt，1977）以及米尤森和范登·布洛克（Meeusen & Vanden Broeck，1977）提出。随着数据的丰富和估计方法的发展，随机前沿法在理论和方法两个方面都不断完善，越来越多的经济学家将它作为工具箱中的必备组件，广泛应用于经济增长的实证研究。吴（Wu，2000），考吉尔（Cowgill，2001），王志刚、龚六堂和陈玉宇（2006），周晓艳和韩朝华（2009），余利丰、邓柏盛和王菲（2011）分别利用超越对数生产函数的随机前沿模型分析地区间的生产效率和全要素生产率增长率变迁，给出了生产效率的估计和全要素生产率增长率的分解。王争和郑京海等（2006）采用超越对数生产函数的随机前沿模型对中国工业生产效率的地区差异进行研究。李谷成、冯中朝和范丽霞（2007）利用超越对数生产函数的随机前沿模型，以湖北省农户的微观面板数据作为实证，对农户家庭经营的全要素生产率、技术效率做了系统分析。余泳泽和张妍（2012）采用超越对数形式的随机前沿面板模型，考察了中国各省份1995年以来高技术产业的生产效率和全要素生产率增长率变迁。王志平和陶长琪（2010）运用随机前沿C－D生产函数，对全国和三大区域生产效率及其影响因素进行了分析。

六、环境约束下的全要素生产率测算

（一）Malmquist－Luenberger生产率指数

全要素生产率的传统研究仅考虑了直接产出，而忽略了由于减少污染物排放带来的间接性产出，因此，在传统的研究中所隐含的假定条件是：防污减排是非生产性的活动。在这一假定条件下，由环境污染带来的非期望产出则不被纳入总产出的考查范围。这样带来的一个结果是，采用先进技术、防污减排企业的真实生产率被低估，它们在环境保护方面做出的努力被忽视。

不考虑非期望产出的全要素生产率指数对于全要素生产率变动的考察并不全面。将非期望产出纳入全要素生产率指数测算的方法之一是以工业绿色发展的相关数据作为统计指标的基础，通过对数据的无量纲化处理，并赋予一定的权重，来衡量纳入污染因素的生产质量。如耶鲁大学和哥伦比亚大学的"环境绩效指数"，经合组织提出的"绿色增长指标"，以及国内一些学者和研究机构提出的"中国绿色发展指数"等。这种指数测算的方式虽然使用广泛，并且影响较大，但是这种含有主观因素进行权重赋值的方法有失客观。而Malmquist－Luenberger（ML）生产率指数（Chung，Färe & Grosskopf，1997）以消费者愿意降低污染为假设前提，则将产出分为期望产出和非期望产出两部分，即最终产出中既包含生产者的期望产出，也包括由污染等因素带来的非期望产出，这里的非期望产出包含了所有经济社会生产活动带来的污染，ML生产率指数由于可以全面地展现环境约束下的经济增长质量，因此，ML生产率指数是绿色全要素生产率研究的开端。

对于ML生产率指数的测算是将数据包络分析与方向性距离函数（DDF）相结合，将环境污染作为非期望产出，从而计算出环境约束下的绿色全要素生产率变动情况。方向性距离函数的一个优势在于，对技术效率的测算标准是鼓励期望产出向生产前沿逼近，鼓励环境污染等非期望产出远离向生产前沿方向，在最终测算绿色全要素生产率时不需要将污染排放进行价格转换。进入数据包络分析的数据，构建出一个纳入非期望产出的生产前沿，同时，对其每一个样本构建一个 DMU，通过对比每一个 DMU 最优生产前沿，来观测其边界变动的情况。边界移动反映的是技术变化的情况，DMU 向最优生产前沿靠近，说明生产效率是在向最优边界靠近的；DMU 与最优生产前沿不变或是变大，则说明生产效率与最优生产前沿相比是下降的。ML 生产率指数的测算既不用对生产角度进行改变，也不用对环境污染进行价格转换，因此，相比较使用指数方法或索洛余值的方法估算全要素生产率而言，ML 生产率指数更具有优势。

（二）运用 ML 指数进行相关研究与应用的文献回顾

钟、法勒和格罗斯科普夫（Chung，Färe & Grosskopf，1997）首先创造了 ML 生产率指数，并进一步提出技术效率改进和技术进步的乘积是最终全要素生产率的变动。他们将 ML 生产率指数应用于瑞典纸浆工厂全要素生产率的研究，纸浆工厂对于环境影响大，这一研究具有典型性，不仅可以测算出瑞典纸浆工厂的全要素生产率变动情况，也可以测算出环境污染对于全要素生产率的影响，并将纳入环境污染非期望产出的绿色全要素生产率与不纳入环境污染的传统全要素生产率进行对比，进一步证实考虑环境污染的绿色全要素生产率反映实际经济增长质量的真实度，在此基础上，钟等（Chung et al.）进一步考察了瑞典纸浆工厂绿色全要素生产率变动的来源。韦伯和多马兹利基（Weber & Domazlicky，2001）使用 ML 生产率指数研究美国各州制造业生产技术的变动。研究发现，只考虑期望产出的传统全要素生产率指数得出的结果是，美国每年的全要素生产率有 0.6% 的下降。然而，当生产率指数既考察期望产出的增加，也考察非期望产出减少时，美国各州制造业全要素生产率有 1.4% 的显著提高。法勒、格罗斯科普夫和小卡尔帕苏尔卡（Rolf Färe，Shawna Grosskopf & Carl A. Pasurka，Jr.，1997）用 ML 生产率指数法研究了美国大陆州 1974～1986 年（不包括 1984 年）的制造业全要素生产率变动情况。此后，他们（2007）又利用 ML 生产率指数法考察了美国 92 个燃煤发电厂在 1985～1995 年的绿色全要素生产率，对于美国燃煤发电厂的考察纳入了二氧化硫（SO_2）、氮氧化物等带来环境污染的非期望产出后，并将测算出的全要素生产率变动和技术变化与不考虑污染物的传统全要素生产率进行了对比。

随着国外全要素生产率测算方法的日臻成熟，国内学者也开始大量运用这些方法测算中国的全要素生产率，特别是索洛余量法和随机前沿法等传统测算方法已经被广泛应用到全国、省、市三大层面的全要素生产率的测算及其分解中。从对国家和省一级的全要素生产率研究来看，叶裕民（2001）在国内首次进行了全国和各省份全要素生产率的测算，而她主要是应用了索洛余量法；颜鹏飞和王兵（2004）不只运用 DEA 方法测算了各省份自改革开放以来到 20 世纪末的 Malmquist 指数、技术效率和技术进步，而且在这些研究的基础上更进一步，运用实证方法检验了下游人力资本和制度因素对生产率的影响；郑京海和胡鞍钢（2005）则运用 Malmquist 指数法估算了改革开放以来各省份生产率的变化情况。从对城市一级的全要素生产率研究来看，金相郁首先进行了 1990 ~2003 年 41 个中国城市的全要素生产率变化研究；赵俊（2010）的研究细化至资源型城市，他按照资源类型对中国 50 个地级及以上的城市进行分类，并采用 DEA 方法估算了这些城市 1990 ~2007 年全要素生产率的变化。需要指出的是，国内对人力、制度、资源等对全要素生产率有正向带动作用的因素研究居多，而对环境破坏、二氧化碳（CO_2）、SO_2 等有负向作用的因素研究不足。这一类研究最早也才能追溯到 2008 年，许海萍（2008）将环境因素纳入技术效率的研究当中，并据此对长三角和浙江省的城市进行了测算；胡鞍钢、郑京海（2008）将环境因素纳入技术效率的研究当中，并据此对各省份技术效率予以重新分析和排名；王兵、吴延瑞和颜鹏飞（2008）将 CO_2 作为研究因素纳入全要素生产率增长分析中，并用 ML 法测算了该口径下 1980 ~2004 年 17 个亚太经济合作组织（APEC）国家和地区的全要素生产率变化情况；杨俊和邵汉华（2009）则将 SO_2 排放纳入全要素生产率当中，并估算了 1998 ~2007 年该口径下的中国各地方全要素生产率的变化，并对其进行了分解。涂正革和肖耿（2009）选用工业企业污染排放、产出和投入等指标建立生产前沿函数，并以此估算 1998 ~2005 年中国省域工业生产状况以及环境变化对其的影响。吴军、笪凤媛和张建华

（2010）分别测算了东、中、西三大区域自2000年以来全元素生产率和技术进步指数，并将这些指数在考虑环境因素和不考虑环境因素两种情况下分别予以测算。王兵（2014）用环境范围调整测度模型测算了中国112个环保重点城市2005～2010年的绿色发展效率、无效率来源及减排方式，并对城镇化与绿色发展效率的关系进行了实证研究。魏楚（2014）选择了中国104个地级市2001～2008年的投入产出数据对城市CO_2边际减排成本以及影响因素进行定量分析，基于参数化的方向距离函数模型得出样本城市的CO_2边际减排成本为967元/吨。

第三节　研究思路、主要内容及创新

一、研究思路

本书研究基于城市经济学、新经济地理学、西方经济学等学科中关于城市集聚的相关理论，运用数据包络分析和计量经济学工具对中国城市集聚的效率及其与城市集聚正—负效应之间的关系进行剖析，结合中国城镇化进程的特点，对城市集聚对城市效率的影响及作用机制进行研究。

（1）结合我国的实际情况，考察我国城镇化进程道路选择与城市形态演变，将政府作为城镇化进程中一种“门槛效应”，剖析政府通过制度设计和政策干预对城镇化进程和城镇化空间格局改变做出的引导。在此基础上，通过无约束的SFA方法，从无约束角度对中国各区域全要素生产率进行测算并将其与下文结果对比。

（2）通过方向性距离函数和ML生产率指标，对环境约束下，纳入环境污染对非期望产出的全国地级以上城市效率和全要素生产率进行测度，并从静态和动态两个维度、区域—整体城市—城市规模两个层次对城市效率进行分析。通过ML生产率指数，测算了考虑环境约束的城市静态绿色效率和城市动态绿色全要素生产率及其分解，从传统的全要素生产率只考虑期望产出，转向兼顾环境污染非期望产出的综合经济绩效评价指标。

（3）在（2）的基础上，基于集聚经济理论框架，通过构建动态面板模型，探究城市效率与城市集聚正效应之间的关系机制。

（4）在（3）之后讨论城市效率与城市集聚成本之间的关系，并对环境污染、生态破坏、交通等城市成本进行计算。

二、主要内容

第一章为绪论，分析本书的研究背景、相关概念及研究思路。

第二章是以新经济地理学关于城市集聚的集聚力和分散力的理论为源头，通过论证城市“正—负”反馈机制对城市规模的影响机制、技术进步对城市集聚效率的影响机制，构建集聚收益、集聚成本与城市规模体系演进的理论框架。

第三章是通过探析中国区域战略和城镇化政策取向对城市规模体系演化进程的影响，厘清城镇化进程中政府和市场的关系，并分析中国区域经济的空间动态演变和城市经济的集聚与扩散。

第四章是对城市固定资本存量进行测算后，使用方向性距离函数和ML生产率指标，测算中国285个地级以上城市的绿色技术效率、ML生产率指数和绿色全要素生产率，并对结果进行区域板块和城市规模两个层面的分析。

第五章是在第四章的基础上，进一步分析城市集聚正效应对城市效率的影响机制。剖析巨型城市、特大城市、大城市、中等城市和小城市五类不同规模等级城市的集聚与绿色全要素生产率关系，并尝试探索不同规模城市的最优集聚规模。

第六章是在城市集聚成本相关理论的基础上，剖析城市集聚负效应对城市效率的作用机制。研究由环境污染、交通拥堵等要素构成的城市集聚成本对城市绿色全要素生产率的影响。

第七章是本书的结论，并就本书的研究得到关于中国城市的绿色发展的几点启示以及相关的局限性。

三、创新点

（1）在“集聚正效率—集聚负效率”的研究框架下，通过构造“动态—静态”两个维度，研究区域格局变动下的“城市整体—规模等级”

两个层次的城市发展，并进一步探析集聚正效应与集聚负效应对城市效率的影响机制。

（2）在环境约束下，纳入非期望产出，测度中国285个地级以上城市的绿色全要素生产率，作为中国城市集聚的净效率的度量值。以城市绿色全要素生产率为基础，对城市集聚净效率进行时间序列和区域尺度的剖析，并对城市绿色全要素生产率进行分解，寻找城市绿色全要素生产率提高或降低的根源。

（3）量化集聚正效应和集聚负效应对城市效率的影响，从整体上把握中国城市集聚的效率现状，并通过将中国285个地级及以上城市按城市规模大小分为5个层级寻找不同规模等级间城市效率的差异，尤其是不同规模等级城市的集聚负效应对城市效率的影响。

第二章

集聚、技术进步与城市规模效率

第一节　相关概念界定与说明

一、城市集聚

从集聚的研究历史和代表任务来看，对于集聚的研究集中于五个视角。一是以马歇尔为代表的新古典流派，对规模经济和外部性相关的经济理论研究；二是以韦伯和胡佛为代表的区位视角；三是以佩鲁和缪尔达尔为代表的发展经济学视角，从增长极理论和循环累积因果效应为切入点；四是以克鲁格曼和藤田等为代表的新经济地理学视角，在边际收益递增框架下研究集聚的形成和循环累积；五是以亨德森和蒂斯为代表的城市经济学视角，从集聚形成的微观机制入手研究。综合上述五个研究视角，可以将集聚分为三个层次：一是企业集聚，企业集聚是生产要素集聚的基础载体，规模经济发生在企业内部。二是产业集聚，当集聚不仅发生于企业内部，也存在于企业之间时，同类企业会在某一特定区位集聚，从而形成同一行业的集聚，也被称作“地方化经济”。三是城市集聚，当集聚发生在多个产业或行业之间时，则产生了城市集聚，城市集聚是多样化的集聚，也被称为“城镇化经济”；同时也是各类生产要素和产品在某一空间规模范围内的集聚，城市就是这种集聚的空间载体，因此被称作城市集聚。本书所研究的集聚为第三个层次的集聚，即城市集聚。

二、城市规模效率

城市集聚基于分享、匹配和学习机制，在这种外部性下，城市的聚集经济出现不断自我强化的趋势，为城市集聚提供集聚力。而之所以没有出现规模无限扩大的城市，是因为有地租、通勤、拥挤、环境污染等集聚成本的存在，集聚成本形成阻碍要素进一步向城市集聚的分散力。因此，城市是聚集经济或地方总体收益递增与城市就业成本之间折中的结果（Duranton & Puga，2004），城市的集聚程度是由集聚力和分散力共同决定的。城市集聚的集聚力能够为城市带来更高的规模收益、更多的就业机会、更强的技术进步动力和更大的辐射带动，是集聚的正效应。聚集过程中产生的各种问题，以及由于集聚而带来的各种矛盾，则产生集聚的负效应。本书所研究的城市集聚效率则是对集聚正效应和负效应相抵所形成的城市净效应的量化。

三、全要素生产率

（一）传统的全要素生产率

生产率的度量分为单要素生产率和全要素生产率。单要素生产率是指针对单一要素创造生产率的计算，如劳动生产率度量的是产出与劳动投入的比率，资本生产率测度的是产出与资本投入的比率。与单要素生产率相对应的概念是全要素生产力，因为在实际的经济活动中，生产并非是某一种要素投入的结果，而是资源、土地、劳动力、资本等所有要素的投入，因此，需要有能够测度包含劳动力、原材料、资本、能源等所有投入要素的生产率指标（Hiam Davis，1954）。在经济增长中，要素投入创造了一部分经济增长，技术进步和效率改进则带来了剩余部分的增长，由技术进步和效率改进带来的经济增长为全要素生产率。全要素生产率的内涵反映了经济增长质量的高低，并且全要素生产率的结果可以被进一步分解为技术进步和效率改进，效率改进的部分则是由纯技术效率改进和规模效率改进两部分共同构成的。技术进步是指由于知识创新、技能创新或发明创造应用于生产中带来的生产效率的提高；纯技术效率则是由管理水平提高、体制机制创新、生产经验积累带来的生产效率的提高；规模效率则是指由于企业经济规模扩张带来的规模经济效益促进生产效率提高（陈诗一，2010）。

本书综合已有研究成果，将传统全要素生产率定义为：扣除劳动力、资本、土地、能源等全部要素投入带来的生产率的提高，剩下部分的生产率提高是由技术进步和效率改进驱动的，传统全要素生产率反映了经济增长的质量。

（二）绿色全要素生产率

在经济持续增长的过程中，资源环境的发展状况已经成为可持续发展能否实现的决定性因素。资源环境是经济发展的内生变量，资源禀赋的优劣、生态环境的好坏可以促进或制约经济的可持续发展；同时，资源环境也是经济发展的刚性约束，经济发展好坏快慢，需要在资源环境得以保护这一强制性约束下实现。因此，当测度全要素生产率时，不仅要考虑传统投入要素、技术创新要素对于经济增长的拉动作用，更要将资源环境因素作为考核经济发展质量的重要指标。在这种思路下，研究的焦点逐步由传统的、单纯考虑期望产出的传统全要素生产率，过渡到考虑环境污染带来的非期望产出的绿色全要素生产率。绿色全要素生产率能够将污染物排放作为非期望产出，与资本、劳动力、资源、能源等投入带来的期望产出共同纳入全要素生产率的核算框架中，这一思想得到的绿色全要素生产率是排除掉污染物排放带来的非期望产出后的净效率。在方法上，方向性距离函数和 ML 生产率指数的结合（Chung et al.，1997）实现了包含污染物排放作为非期望产出的全要素生产率，这一方法通过对瑞典纸浆厂污染物排放与经济增长的拟合得到实证检验，这是真正意义上的全要素生产率。因此，本书的绿色全要素生产率是指：将污染排放物作为非期望产出纳入全要素生产率的核算框架，在传统全要素生产力核算的基础上，核算得出绿色全要素生产率。

第二节 集聚收益、集聚成本与城市规模体系演进

一、城市集聚的收益

（一）集聚经济的微观基础

集聚是各类生产要素集中到某一区位的趋势和过程。从集聚的范围来看，“企业内部集聚—产业间集聚—城市集聚”是集聚的三个层次，城市集聚是最高层次的集聚。城市集聚具有两个特征：一是城市集聚是一种多样化的集聚，包含地方化经济和城镇化经济；二是城市产业（企业）和劳动者（消费者）集中的空间载体。要素集聚是城市集聚的微观基础，要素禀赋在空间上分异的性质为城市集聚形成和演化提供客观基础。经济可以看作要素投入和产出的结果，生产要素是指土地、劳动力和资本。土地和劳动力是最基本的生产要素，随着经济理论的发展，资本的概念逐步深化，从有形的资本扩展到无形的资本，出现了“人力资本”“知识资本”等多个角度的资本概念。因此，资本可以分为两类：一是有形的物质资本，二是无形的人力资本。集聚发生的基础是要素的流动及配置，要素流动的根本原因是原始禀赋的非均等性，原始禀赋较为充裕的地区，在生产成本和运输成本双低的优势下，吸引要素在此产生集聚，要素集聚使当地的生产率得到提高，在循环因果累积效应的作用下，进一步吸引要素向当地流入。从短期来看，自然要素是无法改变的，这是城市集聚中的“第一性”，而其他要素则在时间和空间维度均处于动态变化中。在“第一性”基础上，由于一个突然的冲击，使这一地区的经济活动出现聚变，并打破其平衡发展的态势，走向不平衡发展，这是城市集聚的“第二性”。劳动力和资本集聚在空间上表现为在某地的集中，土地集聚表现为土地的集约、内涵式利用，技术集聚表现为技术的进步与创新，制度集聚变现为制度完善与改进。因此，集聚便是资本、劳动力、土地等要素以某种原始

的配置状态布局在特定的地理空间（城市），在外部性的作用下，通过溢出效应的传播和循环累积因果效应的强化，吸引更多的生产要素集聚在这一空间。

（二）城市集聚经济的正反馈机制

集聚的本质是经济活动在城市总体层面所产生的规模报酬递增。城市集聚在城市总体层面形成的规模报酬递增，不是单个企业或个人经济活动的简单加总，产生这种总体层面规模报酬大于微观层面规模报酬的原因在于外部性的存在。外部性是经济活动空间集聚的关键因素。正外部性产生的向心力使经济活动向某一空间单元的持续集中，正外部性带来的这种集聚正效应被称为集聚经济（与集聚不经济相对应）。①

集聚经济的外部性包括共享效应、匹配效应和学习效应。“共享效应”是指劳动力市场共享和中间投入品市场共享。劳动力在空间上的集聚，能够形成劳动力池，布局在这一空间范围的厂商能够从劳动力池中搜寻到专业化劳动力，劳动力共享提高了厂商的搜寻效率，降低了搜寻成本。中间投入品市场共享体现在自然资源、基础设施等方面，这些商品和设施具有不可分性和不可移动性，厂商和劳动力的集聚能够更充分地利用这些生产中必需的中间投入品，提高了中间投入品的使用率。“匹配效应”体现在技术工人和企业的匹配、企业和企业的匹配，在产业集中地，技术工人能够找到更合适的工作，企业也能够找到更合适的技术工人；产业集中的地区也有利于专业化企业匹配到提供上下游产品和服务的企业，提升企业之间的合作效率。“学习效应”是指集聚区的企业之间既有共性，又存在差异性，由于地理上的临近而产生了企业之间的知识交流、技术交流，有利于企业产生更多的创新及回报。

正是由于外部性具有这样的“好处”，所以，厂商和劳动力会向原始禀赋较好的地方集聚，形成城市的雏形。一方面，城市相较其他地区的市场规模较大，出于降低运费的追求，企业都会选择市场规模较大的区位，形成了“本地市场效应”；另一方面，城市相较其他地区拥有更丰富产品

① 集聚经济与集聚不经济相对应，其含义是在正外部性的作用下，集聚能够带来规模收益递增。

供给，出于降低生活成本的追求，消费者会选择产品种类和数量较多的区位，形成了“价格指数效应”。因为本地市场效应和价格指数效应的存在，企业和消费者（劳动力）会不断向城市集中，带来城市的空间扩张及其市场规模的扩大，进而吸引更多的厂商和消费者（劳动力），这一过程是自我强化的，这种使城市规模不断扩大的机制可以称为城市集聚经济的正反馈机制。

二、城市集聚的成本

（一）集聚成本的构成

在享受集聚正外部性“好处”的同时，也需要承担集聚带来的成本。集聚成本由两部分构成：一部分是支付不可流动要素的成本，如较高的地租、较远的通勤距离、本地资源的使用付费等，这部分集聚成本在支付的同时，也会产生收益；另一部分集聚成本由集聚的负外部性导致。在集聚正外部性的驱动下，劳动力和企业持续流入，导致市场竞争加剧、城市人口膨胀、交通拥堵，形成拥挤效应；产业持续集聚，尤其是工业企业的不断集中，造成大气污染、水污染、土壤污染的强度极大提高，导致生态环境的破坏。

不可流动要素、地租和通勤虽然是集聚成本的一部分，但是却不是纯粹的负外部性。但是，拥挤和污染是纯外部不经济的重要来源。拥挤所带来的交通拥堵、生活质量下降，以及环境污染所代表的资源利用效率和环境技术效率较低，是城市集聚中纯粹的外部不经济。纯粹外部不经济与集聚成本的其他内容的一个重要的区别是，纯粹外部不经济能够通过技术进步或效率提高得以改进，而集聚成本的其他内容则不仅仅受限于技术和效率的约束。

（二）城市集聚成本的负反馈机制

在正反馈机制的作用下，要素会不断向城市集聚，城市规模随之扩大，当城市规模扩大到一定程度时，集聚成本也随之攀升。对于个人来讲，因为要承担较高的通勤费用、住宅费用、教育费用等生活成本，因此需要较高的收入，这样才能负担较高的生活成本。对于企业来讲，支付较高的工资会提高企业的劳动力成本，同时，在城市的企业也需要支付较高的租金等运营成本。集聚负外部性带来的集聚成本成为阻碍集聚的力量，成为对抗要素向城市集聚的负反馈机制。

三、城市规模体系

（一）“正—负”反馈机制与城市规模变化

城市规模的衡量标准是城市人口，城市规模通过人口流动而产生变化。在正反馈机制作用下，人口向城市集聚，城市规模随之提升，进而产生了城市的规模效应和密度效应，即随着城市规模的扩大和城市密度的提高，城市的生产率也会提升。人口向城市集聚的速度并非线性的，劳动力由低效率地区向高效率地区的流动，使他们获得了更多的物质收益和知识溢出，他们会通过带动他人、家人的迁移使城市人口呈现指数增长。城市规模的扩大意味着市场容量和市场潜能的增长，吸引更多的企业来此进行生产、投资活动，最终作用于城市经济增长和城市生产率的提高。

但是，随着城市规模的扩大，集聚成本也会显著提高，当集聚成本大于集聚收益时，负反馈机制会发生作用，抑制企业和个人向当地的集聚。最先受到负反馈机制作用的是劳动密集型企业，这些企业普遍是成本敏感型的，当它们无力承担在城市的集聚成本时，会选择退出该市场的竞争，向集聚成本较低的地方转移，同时转移的还有从事这些行业工作的劳动力。在负反馈机制作用下，城市规模停止增长，或逐渐缩小。正反馈机制和负反馈机制使城市规模保持在合理范围，正反馈机制在向心力的作用下，推动城市集聚，使城市规模不断扩大，以寻求规模效应和密度效应；负反馈机制在离心力的作用下，抑制城市集聚，使城市规模得到限制，以缓解集聚的负外部性。

（二）城市规模体系演进

在城市形成和发展的过程中，会形成规模大小不一的各类城市，国家内部由多个规模大小不一的城市组成了城市系统，如果城市规模的等级分布和空间分布具有一定的规律性，则会形成城市规模体系。单中心城市是正反馈机制在空间上的体现，也是城市最初的形态。如上节所论述的那样，当负反馈机制产生作用时，集聚在单中心城市的企业和劳动力会向外部迁移，迁移到成本较低、但距离原城市较近的地方。对成本敏感的劳动密集型企业及其从业者会首先迁往新的地区，在距离原来的城市较近的地区会逐步形成一个新的市场，正反馈机制会在这里发挥作用，集聚新的企业和劳动力，逐渐形成一个新的城市。原来的城市和新的城市之间并不是割裂的，成本敏感型企业和劳动力迁出，资本密集型、技术密集型等成本不敏感的企业依然留在原来城市，使原来城市的产业结构得以升级，而新城市的主导产业由劳动密集型企业构成，在产业上与原来的城市互为补充，且人口较少，成为原来城市的腹地。

城市规模体系的演进源于城市内部各子系统的形成、发展和演化。在正反馈机制作用下，企业和劳动力的集聚使某地由村向镇、小城市、大城市不断发展，当城市规模达到一定程度时，负反馈机制会发生作用，使企业和劳动力向低一级的小规模、单一产业城市分散，这种分散不仅缓解了大城市的负外部性，而且建立了大城市和周围中小城市之间的合作与联系。大城市的规模、产业、功能不断升级，新的中小城市不断产生，大中小城市之间形成联系紧密的城市网络，使各个规模的城市逐步形成一个有机体系。

从城市规模体系演进的机制来看，单个城市的规模是动态变化的，城市最优规模也不是唯一的。经济活动的空间集聚，一方面带来了收益，形成推动集聚的向心力；另一方面也带来了成本，形成阻碍集聚的离心力，集聚向心力和离心力的强弱决定了要素的空间流动格局。当向心力大于离心力时，要素向城市集聚；当离心力大于向心力时，要素会流出城市；当向心力等于离心力时，要素流动静止，城市规模达到稳态，即处于城市最优规模。

第三节　技术进步对城市集聚效率的影响机制

城市最优规模并非一成不变的，现在城市最优规模明显要大于古代城市的最优规模。技术进步推动城市效率的提高，不断拓展最优前沿面，是城市最优规模提升的根本原因。

一、技术进步与要素集聚

技术外部性能够使企业及其员工在某一空间内进行学习、交流、模仿和竞争。技术外溢的效应在企业、劳动者之间的互动在技术外溢的作用下进一步加强，企业及其员工之间的互动是他们集聚的基础，技术外部性贯穿于生产活动的始终，对企业及其员工集聚的影响是长远的。技术外部性的作用机制体现在企业通过产业内或产业间的技术溢出获得新知识、新技术，从而实现技术的创新、工艺的创新、管理的创新和制度的创新。由于地理空间的临近，企业与企业之间的信息交流和知识交流的距离成本极低，技术工人在企业之间的流动也会带来知识、信息的传播，当企业获取到新的技术，并通过模仿将此技术运用到本企业的生产中，降低生产成本、提高生产效率，这正是企业从技术外部性中获得好处。企业获得技术外部性好处的关键是，企业及其员工在地理位置上是临近的，空间距离成本最小化才能使技术外部性在企业的利润函数中发挥作用。

技术进步是城市绿色全要素生产率提升的源泉，城市绿色全要素生产率的提高进一步推动资源配置的改善，由于资源要素的不合理利用造成的高污染、高耗能等生态环境问题也会有所改善。技术创新与企业在城市集聚是直接相关的。在城市中，尤其是大城市，科研院校的数量与规模远高于非城市地区，企业与科研院校之间的交流与联系提高，为科研成果转化为生产力提供了广阔的平台。科研院校的集聚为企业营造了良好的创新环境，科研院校是创新的载体，有利于企业创新发展。同时，城市也具有更完善的基础设施和创新保障，在利润最大化的驱动下，企业不断向城市集聚。

二、技术进步与集聚成本

技术进步对集聚负效应的破解机制在于：一是技术进步能够实现产业结构的革新，技术进步作为独立的要素投入生产活动中去，激发了以技术创新、知识创新为主导的技术、知识型产业，这种产业本身便是无污染产业。二是技术对于传统行业的改进，传统行业最突出的问题是在创造经济效益的同时带来的环境污染。三是技术进步能够通过高精度仪器等现代分析手段实现对大气污染、噪声污染、污水及废弃物排放等精准分析，不仅能够测度出污染的程度、污染波及距离，也能够追索污染源，通过活性炭技术、遥感技术等高新技术作为污染治理手段，实现污染的源头治理。尤其在城市，先进的治污手段能够得到大规模的利用，并且人们对于高环境标准的追求降低了环境治理难度，企业的环境污染成本提高，能够促进企业清洁能源的利用、提高企业节能减排的动力，最终改变了传统的经济发展模式，也创造了城市经济的新增长点。传统型的经济增长模式，不利于环境保护和经济高质量发展，局部的环境污染在溢出效应和扩散效应的作用下逐步成为全局性的环境污染问题。当城市在激励机制和倒逼机制的双向作用下，技术进步推动循环经济发展模式和环境友好型的生产模式逐步形成，新的生产模式进一步推动经济健康发展，在这种循环累积效应的作用下，城市最终形成可持续发展的经济—社会发展系统。

三、技术进步与城市全要素生产率

构成城市经济主体的企业可以分为两种类型：一种是将技术作为一种生产要素，与资本、劳动力相结合，通过技术进步提升企业经济效益，这种企业属于传统行业，一般归类为第二产业。另一种企业是将技术内生化，技术是一种独立的生产要素，这种企业往往是知识型企业，一般归类于第三产业。这两种产业构成了城市经济的主体，城市是技术创新与传播的载体。技术在良好的条件下得以迅速传播的重要原因是技术自身性质使然，技术的特性是“非竞争性的”，由于产权的存在，技术具有“部分排他性”。因此，当某一企业研制了新技术或发明了新专利，技术的“非竞争性”和“部分排他性”的特性使其他企业能够使用或模仿着这种技术，新技术在企业中使用越普及，那么全行业的全要素生产率将会提高。

技术进步对全要素生产力的推动来源于两个方面：一是效率改进，二是技术进步。其中，效率改进又可以进一步分解为纯技术效率改善和规模效应。技术效率是用来衡量当要素投入条件相同时企业的产出与生产可能性前沿之间的距离，企业产出与生产可能性前沿之间的距离越近，企业技术效率就越高。而技术进步则是指生产可能性前沿向外延伸，意味着行业整体技术水平的提高。城市的创新资源丰富、创新机制开放、创新环境优越，保障了人才、信息、技术、资本的充足供给，在开放的制度下优化资源配置、提高资源利用率、挖掘潜在产能，最终实现技术效率改进，提高了城市全要素生产率。

第三章

中国城市规模体系演进历程与趋势

中国城市规模体系演化进程是城镇化在空间上的烙印。自新中国成立以来，中国的城镇化进程就开始了，1949 年，中国拥有城镇人口 5765 万人，农村人口 48402 万人，人口城镇化率为 10.64%。经过 70 年的发展，2019 年，中国城镇常住人口达到 84843 万人，农村人口 55162 万人，人口城镇化率达到60.60%，户籍人口城镇化率为 44.38%。[①] 中国城市规模的变化、城市规模体系的演化深受国家区域发展战略、城镇化发展政策的影响，呈现四个阶段的特征。

第一节　中国城市规模体系演化进程

一、城镇化抑制时期的城市规模体系

新中国成立后，我国 70% 左右的工业企业布局在东部沿海地带。[②] 为了改变旧中国工业基地沿海与内地的不均衡布局，以及出于对国防安全的考虑，国家实施了均衡发展战略，提出“均衡布局，重点发展中西部”的区域发展思路。依据这种战略，国家把一半以上的基本建设资金投入内地，经济重心出现从沿海逐步向中部转移的趋势。

城镇化的过程，即工业化的一般规律，大都跟产业结构的变动相关

①② 国家统计局（https：//data. stats. gov. cn）统计数据整理所得。

联，从而人口也慢慢由传统的农业朝着新兴的第二、第三产业转移。① 但是，改革开放前的计划经济时期，为了配合重工业优先发展的“赶超战略”，需要维持工业部门原材料低成本和城市居民生活水平低成本，才能使工业部门利润扩大，提高工业部门资本积累的速度。这需要压低农产品价格，以牺牲农业发展、农村人口向城市自由流动，取得工业和农业部门的剪刀差，以农业哺工业、以降低农村人口生活水平哺城市人口福利保障。《中华人民共和国户口登记条例》（以下简称《条例》）于1985年颁布，标志着中国户籍管理制度的建立。《条例》规定，居民的科教文卫相关政策需要按照户籍身份实施。这一户籍管理制度限制了劳动力的在农村和城市间的自由流动，也造成城乡居民在教育、医疗、社会保证等方面的不平等。也正是这种管理制度，使地方政府没有动力为进城农民提供与市民平等的就业机会和社会保障，进一步抑制了工业化对城镇化的带动作用。

1952～1978年中国城镇化和产业化变动趋势，如图3－1所示。

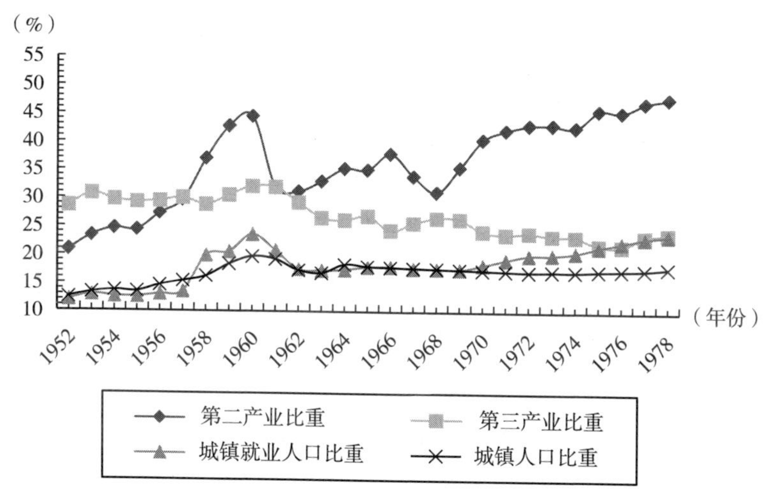

图3－1　1952～1978年中国城镇化和产业化变动趋势

资料来源：根据《新中国六十年统计资料汇编》相关数据整理所得。

① 武力. 中国城镇化道路的回顾与前瞻［J］. 江南论坛，2013（5）：4－9.

二、小城镇快速发展时期的城市规模体系

改革开放以来，为充分发挥各区域比较优势，尤其是东部沿海地区的区位与技术优势，在总体上实施了以效率为核心的区域非均衡发展战略，即东部优先发展战略。各种优惠政策向东部倾斜，国际资本与中国廉价劳动力向沿海地区迁移带来了产业在东部沿海地区集聚，东部经济发展提速，以珠三角、长三角为中心的东部沿海地区成为我国经济增长极。这一时期非均衡战略的实施促进了我国整体经济的高速增长，缩小了与发达国家间的差距，但也导致了我国东部地区与中西部地区经济发展差距逐渐扩大，地区不协调与不平衡问题加剧，区域间市场分割与利益冲突更加严重，东北落后、中部塌陷等问题凸显。

（一）乡镇企业驱动下的小城镇迅速发展阶段

改革开放以后，在区域发展战略重点的转变和市场化体制转变的双重动力下，中国城市发展是“自下而上”的小城镇发展形态。第六个五年计划（1981～1985 年）正式进入优先发展东部沿海地区的非均衡区域发展战略时期。这一时期，国家先后设立了 4 个经济特区、14 个沿海港口城市，长江三角洲、珠江三角洲、厦漳泉三角洲三个经济开放区和海南岛经济特区，至此，中国形成了以“经济特区—开放港口—经济开放区”为主体的东部沿海地区开放地带。政策的优惠以及地理优势，使大量外资向东南沿海地区集聚，尤其在珠三角地区，港资进入纺织、服装、机械、电子等行业，形成了专业化产业集群形成，促进了珠三角地区专业镇的发展。同时，在苏南、江浙地带，农村家庭联产承包责任制的实施，使农村剩余劳动力得以极大的解放，为非农产业提供了充足的劳动力资源，同时，城镇劳动力供给的提高也为城镇发展扩展了巨大的需求。以私营经济为特色的“温州模式”和以集体经济为特色的“苏南模式”推动了长三角地区实现以乡镇企业发展的城市格局演变动力，但是在城乡二元经济和户籍制度的限制下，形成了“离土不离乡，进厂不进城”的独特模式。作为乡镇企业的载体，小城市、镇承载了农村剩余劳动力向乡镇企业的转移，成为城市规模等级中增长最快的城市规模。1978～2012 年产业发展和城镇化的关系曲线，如图 3－2 所示。

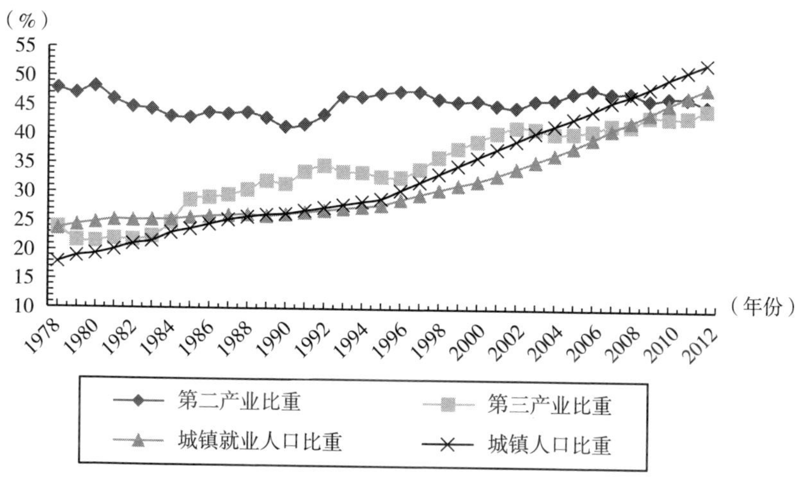

图 3-2　1978～2012 年产业发展和城镇化的关系曲线

资料来源：根据《新中国六十年统计资料汇编》相关数据整理所得。

（二）重点建设小城镇政策引领下的城镇化率稳步上升阶段

在城市建方针上，1989 年，全国城市规划会议正式提出“控制大城市规模，合理发展中等城市，积极发展小城市”的城市建设方针。此后，中共中央、国务院于 2000 年 6 月提出了《关于促进小城镇健康发展的若干意见》，由于市镇设置标准的下降和设市模式的变化，推行“整县设市”和“市带县”体制，中国城市的数量剧增，1978 年仅有 192 个城市，到 1990 年中国城市数量达到 464 个，到 2000 年增加到 659 个。建制镇数目的增长比城市数量增长更快，从 1983 年的 2968 个激增到 1999 年的 19216 个。市镇行政建制的重大变动，使小城镇数量得到了极大扩张。1978 年，城镇总人口仅有 1.72 亿人，1990 年增加到 3.02 亿人，2000 年达到 4.58 亿人，这一年城镇化率达到 36.22%。从人口的城市规模分布来看，大城市、特大城市、超大城市的比重仅为 13%，中等城市人口占城市人口总数的 32.38%，小城市人口占城市总人口的 54.72%，是城镇化人口转移的主要载体。①

这一时期，中国城镇化是走的一条小城镇为主导的城镇化道路。从城

① 国家统计局（https：//data. stats. gov. cn）统计数据整理所得。

镇化进程本身来看，国家发展战略由均衡向非均衡的转变，放松了对资源要素，尤其是劳动力流动的限制，中国城镇化发展有了相对宽松的制度环境，城镇化进程明显加快，中国城镇化率从 1979 年的 18.96% 提高到 2000 年的 36.22%。[①] 从工业化驱动来看，在此期间，中国的工业化结构逐步恢复正常，尤其是沿海开放使得大量劳动密集型乡镇企业蓬勃发展，乡镇企业规模小、技术落后、布局分散的特征使其选择小城镇作为企业载体，大量农村剩余劳动力向小城镇集聚，极大促进了小城镇发展。从政府的制度选择来看，首先，小城镇在缩小城乡差距、缓解二元经济、吸纳剩余劳动力、进入门槛低等方面具有明显优势，其次，乡镇企业的活力使小城镇能够形成自循环机制，实现资本循环积累。小城镇解决城镇化进程中实际经济社会问题的能力和对国家资本积累冲击小的性质，符合政府的战略选择，使政府坚定不移地积极发展壮大小城镇，在制度和政策上极大促进了小城镇发展。

但是，推动小城镇、限制大城市发展对我国的城镇化进程造成了相当大的偏差。其实关于我国的城镇化道路理论界有过很大的争论。一派观点认为我国的城镇化过程应当走以大城市为主的道路，大力发展大城市，因为大城市能够实现更高水平的分工合作和聚集经济效益，但是大城市会带来比较严重的城市病，比如环境污染、交通拥堵等问题。另一派观点认为我国的城镇化进程应当以发展中小城市尤其是小城市为主，要严格控制大城市规模避免城市病的困扰。因为中小城市相比大城市而言更具优势，没有城市病的困扰，而且可以实现农民的就地城镇化。但中小城市存在聚集经济效益不明显、重复建设和资源浪费问题比较普遍的问题。两派观点争执不下。这种政策导向对我国的城市规模分布结构造成了很大的偏差，当前我国城市规模普遍偏小，距离发挥最大聚集经济效益的最优规模很远。

此外，中国设市模式和设市制度也使中国的城镇化问题复杂化。城市是市场交易的中心，城市辐射范围因为地理空间维度的不同而产生差异，城市的市场地位应该是平等的。但中国的城市是分等级的，按照行政级别

① 国家统计局（https：//data. stats. gov. cn）统计数据整理所得。

分为省级城市、副省级城市、地级市、县级市等。上一级城市对下一级城市具有行政管理权，在这种行政权力的影响下，中国城市结构出现一种现象：城市级别越高，城市的规模就越大，进而城市掌握的资源就越多，配置资源的权力就越大。中国的设市制度大体经历了三个阶段：第一阶段是1984年之前，主导的设市模式是“切块设市”模式；第二阶段是从1984～1996年，其主导的设市模式是“整县改市”；第三阶段是1997年至今，设市制度被冻结，不再大量设市。1997年民政部冻结了县级市的审批工作。从冻结之日至今，大量的人口的城镇化进程都是涌入建制镇而不是城市。从第五次人口普查数据可以看出，2000年，建制镇中流动人口数量占据人口总数的47.6%。尤其是在珠三角地区、长三角地区，有60%以上的流动人口流入建制镇，其中浙江和江苏两省这一比重高达74%。[①] 以小城镇为主体是中国长期以来的城镇化道路，在这一道路选择中，建制镇是中国城镇化的主要载体。但是城镇化具有为产业发展和经济转型提供依托的功能，需要大量发挥聚集经济效益、孕育创新和发明、促进知识溢出和学习，而这些功能是无法在小城镇实现的。

三、大城市扩张时期的城市规模体系

20世纪90年代末以来，为缩小区域间经济社会发展差距、促进区域经济协调发展，国家开始实施区域协调发展战略，相继提出西部大开发、振兴东北等老工业基地和促进中部地区崛起等战略举措，逐步形成了较为完整的区域发展总体战略。这些战略主要通过财政扶持、转移支付支持落后地区加快发展步伐，缓和区域之间经济发展的差距，改善经济发展空间失衡的局面。

1998年的金融危机对乡镇企业发展产生了巨大冲击，乡镇企业的衰落使小城镇无序发展的问题逐渐暴露出来，政府出于国家积累对坚持小城镇主导方式的城镇化道路，引发了广大学者的争论。显然，在“成本—收益”框架下，小城市的规模收益显著低于大城市，且基于对大量发达国家

① 国家统计局（https：//data. stats. gov. cn）统计数据整理所得。

城镇化的考察，提出了“大城市超前发展”规律。与这一争论相呼应的是，在工业化进程加快的事实下，企业追求规模效应的天然需求和大城市“本地市场效应”的客观规律，使越来越多的人口、资金等要素向城市集聚，带来大城市的快速发展。

在2005年，中共中央已提出建设中国特色城镇化发展道路，坚持走中国特色的城镇化道路，按照循序渐进、节约土地、集约发展、合理布局的原则，努力形成资源节约、环境友好、经济高效、社会和谐的城镇发展新格局。其后，在“十一五”规划中，促进城镇化健康发展被写入“促进区域协调发展”一篇中，提出要“坚持大中小城市和小城镇协调发展，提高城镇综合承载能力，按照循序渐进、节约土地、集约发展、合理布局的原则，积极稳妥地推进城镇化，逐步改变城乡二元结构”并明确提出将城市群作为推进城镇化的主体形态，对于京津冀、长三角和珠三角地区已经形成城市群发展格局的地区，进一步增强其辐射带动作用和整体竞争力；对于具备城市群发展条件的区域，要“加强统筹规划，以特大城市和大城市为龙头，发挥中心城市作用，形成若干用地少、就业多、要素集聚能力强、人口分布合理的新城市群”。

以长三角城市群、珠三角城市群、京津冀城市群、山东半岛城市群、辽中南城市群、武汉城市群、长株潭城市群、成渝城市群、关中城市群、江淮城市群这十大城市群成长为引领中国经济的高速增长的主导地区，是中国区域发展的重要支点。从经济总量上来看，2011年，十大城市群实现国内生产总值（GDP）27.93万亿元，占全国GDP的59.06%。以长三角城市群、珠三角城市群和京津冀城市群为代表的东部沿海城市群，经济总量大，产业结构日趋合理。长三角城市群、珠三角城市群和京津冀城市群三大城市群国土面积不足全国的5%，而GDP总量占据全国GDP的36.54%。以长株潭城市群、关中城市群、江淮城市群以及成渝城市群为代表的中西部城市群发展速度更为迅猛，GDP年均增长率都在16%以上，长株潭城市群GDP增长率更是达到了17.66%，中西部城市群开始崛起。[①]

① 国家统计局（https://data.stats.gov.cn）统计数据整理所得。

从人口规模上看，十大城市群承载了中国43.57%的非农人口以及33.24%的总人口。① 长三角城市群、成渝城市群、山东半岛城市群以及辽中南城市群城镇人口规模保持稳定较快的增长速度；京津冀城市群、关中城市群以及江淮城市群城镇人口增长则较为缓慢，其中江淮城市群长期处于较低的发展水平；东部沿海城市群城镇化水平高于中西部城市群，但近年来广大中西部城市群人口规模增长系数较高，城镇化速度明显加快。这意味着城市群已经成为中国城市发展的主体形态，是城镇化过程中城镇新增人口的重要载体。

这一时期城镇化的主要问题是由土地流转制度不完善和农民工市民化制约带来的障碍。1978年实施的家庭联产承包责任制，是中国土地制度的核心，这一制度是人民公社体制——以土地集体所有为特征的延续。这种土地制度能够使集体保留对土地的所有权，同时又允许农民在一定时期内拥有土地的使用权，因此，在一定时期内能够提高农业生产效率，解放了农村生产力。但是，当前存在很多障碍，阻碍农村土地的合理流转和农村劳动力的城镇化进程，同时对产业发展建设产生较大的阻碍作用。首先，农村土地所有权主体不明确是摆在土地流转面前的首要问题。作为土地所有权的主体，村委会既不是经济法人，也不是一级政府。在大部分农民缺乏法律意识的现实下，无法保障自己土地的利益。其次，农村社会保障不健全和农民工市民化的困难是影响土地合理流转的重要外在因素。当前，土地提供的收益已经难以行使养老保障的职能，但是由于农民工很难在城市找到长期的工作，以及户籍制度等制度障碍的存在使得即使长期居住在城市中的农民工要实现市民化也是困难重重。因此，即使土地在当前的保障功能在下降，但农民依然不愿意彻底割舍土地提供的基本保障，因为土地毕竟提供了基本的生存保障及其他保障。这一切都为土地制度改革、土地流转畅通以及城镇化的健康推进带来了严峻的困难。

四、大中小城市和小城镇协调发展时期的城市规模体系

党的十八大以来，区域协调发展这一基本战略思想得到进一步深化，

---

① 国家统计局（https：//data. stats. gov. cn）统计数据整理所得。

“区域发展总体战略”不是简单地重复已有的西部大开发、东北振兴、中部崛起和东部率先发展的战略，而是要通过深入实施区域发展总体战略，打造中国区域经济的“升级版”。长江经济带、新丝绸之路经济带、环渤海经济带是实现跨区域合作、构建中国经济新的增长极的载体，京津冀、长三角、珠三角是区域经济协同发展的重要支点。城镇化有利于培育新的增长极，促进经济增长和市场空间由东向西、从南至北梯次拓展，为区域协同发展提供了更有力支撑。

2012 年，在破解资源型城市与独立工矿区可持续发展问题的进程中，首次提出走可持续的新型城镇化道路。2013 年，在党的十八届三中全会中正式提出“坚持走中国特色新型城镇化道路，推进以人为核心的城镇化，推动大中小城市和小城镇协调发展、产业和城镇融合发展，促进城镇化和新农村建设协调推进。优化城市空间结构和管理格局，增强城市综合承载能力。”并于 2014 年初，中共中央、国务院印发了《国家新型城镇化规划（2014—2020 年）》，提出了未来城镇化的阶段性目标。这是中国出台的首个有关城镇化的综合性规划，标志着中国城镇化已经步入了战略明确、综合布局和整体调控的阶段。2016 年，国务院印发了《关于深入推进新型城镇化建设的若干意见》，进一步明确中国特色新型城镇化道路是以人的城镇化为核心，以提高质量为关键，以体制机制改革为动力。此后，每年国家发改委都会发布《新型城镇化建设重点任务》，首要任务是加快农业转移人口市民化，这意味着城市功能需要棚户区、城中村、交通网络、地下管网等全方位的提升，以提高城市承载能力。高质量城市的建设，需要有力的空间载体，党的十九大报告提出，“以城市群为主体构建大中小城市和小城镇协调发展的城镇格局”，城市群是这一时期城市空间格局的主体形态。在京津冀协同发展、长江三角洲区域一体化发展、粤港澳大湾区建设三大国家区域战略之下，覆盖了成渝城市群、哈长城市群、长江中游城市群、北部湾城市群、中原城市群、关中平原城市群、兰州—西宁城市群、呼包鄂榆城市群的多点支撑。城市群内的大中小城市和小城镇协调发展，形成网络化格局。

中国城市规模体系演化呈现阶段性特征，这一方面是自然属性促使要素在城市的循环累积，另一方面受到中国区域发展战略调整的影响。城市发展形态的演化体现在两个方面：一是城市规模不断扩大，大城市、特大城市数量不断增多；二是新兴城市数量不断增多，尤其是东部沿海地区的三大城市群内部，城市数量、结构不断发生变化。不同时期的城市空间格局都有不同的关键词，在小城镇快速发展时期，小城镇承载了大量的农村转移就业人口，小城镇人口规模不断扩大，且城市功能不能满足产业发展要求，使大城市扩张成为下一个时期的主题。虽然城市规模不断扩大，新兴城市数量不断增多，但是土地制度、户籍制度和社会保障制度成为农业转移人口市民化的制约，一方面需要推进各项制度的渐进式改革，另一方面需要在更大的空间尺度上通过合作的方式解决单个城市的问题。城市群作为城镇化发展的主体形态，是大中小城市和小城镇协调发展的空间载体，通过绿色发展理念提升城市承载力水平，高质量的城市发展是城市各项建设的硬件载体，也是城市人口高质量发展的软件支撑。

第二节　中国城市规模体系演进的趋势特征

一、中国城市集聚的区域背景

国家内部区域之间发展的不均衡是一种常态，区域差异会逐步缩小，但不会完全消失。通过标准差、变异系数和泰尔指数测算的 2000 ~ 2012 年中国区域经济差异演变趋势（见图 3 - 3）可以看出，人均 GDP 的加权变异系数和泰尔系数测算的中国区域经济总体差异相对差异是缩小的，由标准差测算的人均 GDP 的绝对差异是逐步扩大的。人均各省 GDP 变异系数从 2000 年的 0. 69 下降到 2012 年的 0. 46，尤其是“十一五”时期，人均 GDP 相对差异缩小幅度较大，进入“十二五”时期以来变化则相对平稳。而地区间人均 GDP 绝对差异则持续扩大，从 2000 年的 5887. 2 元上升到 2012 年的 19878. 2 元。

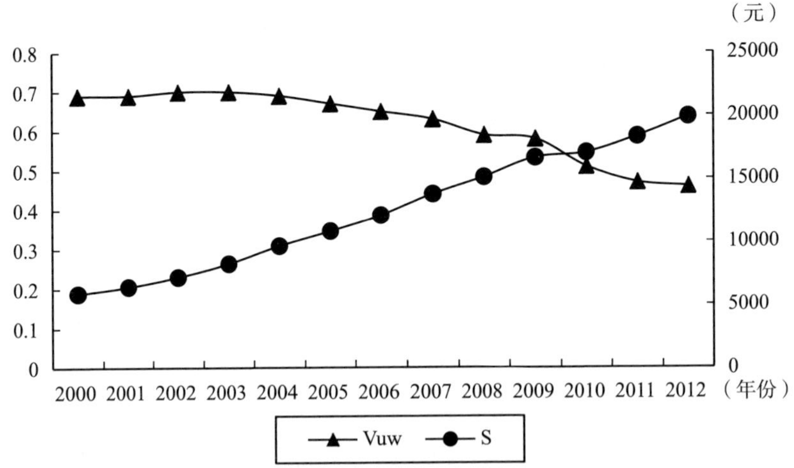

图 3－3　2000～2012 年人均 GDP 变异系数和标准差演变趋势

资料来源：根据《中国统计年鉴》（2001～2013 年）相关数据整理所得。

近年来，在西部大开发、东北老工业基地振兴和中部崛起等区域战略后，国家相继设立了重庆新区、浙江舟山群岛新区等 9 个国家级新区，安徽皖江城市带、广西桂东等 6 个产业转移示范区，并且在中西部地区批复了促进中部地区崛起规划、鄱阳湖生态经济区规划、关中—天水经济区发展规划、成渝经济区规划等 14 个区域规划，促进了中西部地区的发展，推动区域差异缩小。从图 3－4 可以看出，2000～2012 年，我国泰尔指数总体呈现下降趋势，“十五”期间全国的总体区域经济差异（T）和区际差异（Tb）都处在逐步上升阶段。“十一五”“十二五”时期总体区域差异（T）、区际差异（Tb）和区内差异（Tw）均呈现下降趋势，区内差异小于区际差异，是总体区域经济差异呈现下降趋势的主要原因。

对泰尔指数进行分解，将中国区域经济总体差异分为东部、中部、西北、西南和东北五大板块之间和各自内部的差异。图 3－5 主纵坐标轴为东部板块的变动趋势，次纵坐标轴为中部、西北、西南和东北板块变动趋势。东部地区内部差异呈现稳定下降的态势，从 2000 年的 0.033 下降到 2012 年的 0.016，环渤海城市群、长三角城市群和珠三角三大城市群的扩散作用，辐射带动了周边地区的经济发展，缩小了东部地区内部差异，促进东部地区均衡发展。中部地区内部经济差异变动较稳定，并呈现微弱的下降趋势。东北地区泰尔指数于 2004 年开始上升，区内差异有扩大态势。西南地区和西北地区泰尔指数变化呈现相反趋势，2006 年，西北地区泰尔指数反超西南地区，西北地区内部差异扩大的原因在于经济增长集中于增长极，如关中—天水经济区、天山北坡经济带等区域规划的批复，使当地经济发展获益，但是对周边地区的辐射带动作用有限。

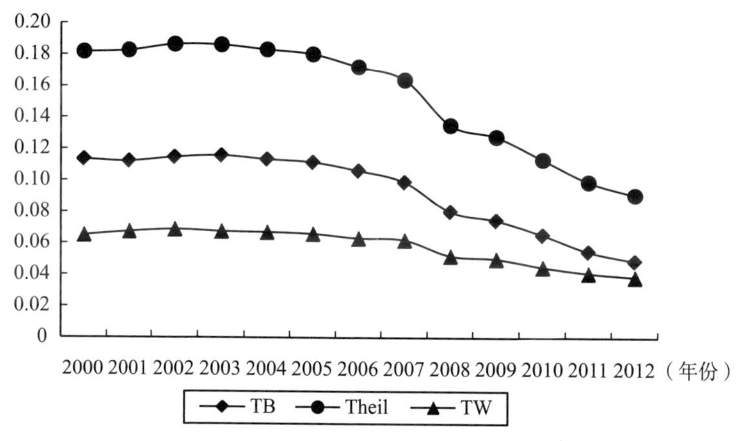

图 3－4　2000～2012 年泰尔指数的演变趋势

资料来源：根据《中国统计年鉴》（2001～2013 年）相关数据整理所得。

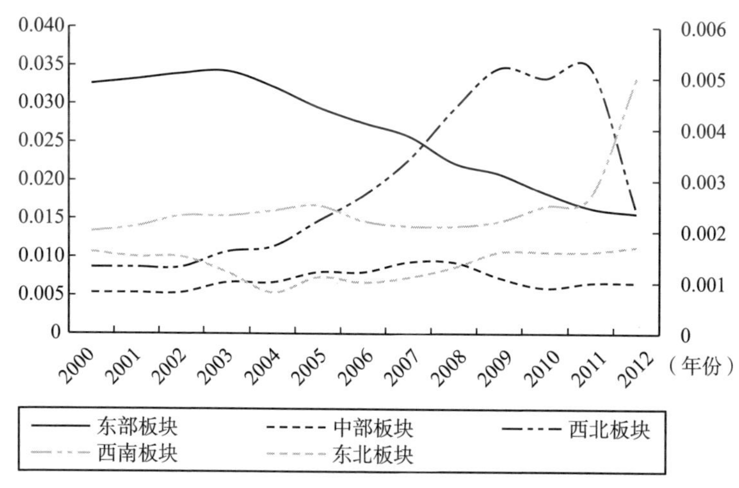

图 3－5　2000～2012 年中国五大板块泰尔指数分解演变趋势

资料来源：根据《中国统计年鉴》（2001～2013 年）相关数据整理所得。

二、集聚机制与中国城市规模体系演进

（一）劳动力的集聚与分散

劳动力流动既是新经济地理分析空间集聚或分散的核心，也是分析中国地区差距与经济结构变动的关键。[①] 中国劳动力流动可以分为两种情况：一是城市内部的劳动力流动，体现在劳动者就业状态间的流动和劳动力的行业间流动；二是劳动力在区域间流动，体现在劳动力的城乡流动和省市间流动。

城市内部劳动力的就业状态流动包含初次就业，下岗、失业和再就业两大类。初次就业是指劳动力第一次由未就业状态向就业状态流动，20世纪80年代前，中国城市劳动力初次就业主要由政府安置实现，80年代后，随着劳动力市场化改革，通过“劳动市场中介服务”获得初次就业成为主流。下岗、失业和再就业这一就业状态流动源于90年代末期的国企改革，“铁饭碗”的打破使城市劳动者出现了下岗、失业状态，通过劳动者自身搜寻以及政府的就业促进、失业保险制度的建立，促进了劳动力由下岗、失业状态向再就业状态的流动。

劳动力城乡间流动是劳动力区域间流动的一种形式，呈现出“农村人口向城市集聚、中小城市人口向大城市集聚”的特征。农民工的流动特征，一方面表现为规模大，流速高；另一方面，则是流向和流出地过度集中，主要集中在东南沿海和大中城市。大城市人口的集聚速度快、密度高，尤其以北京、上海、广州、深圳等特大城市更为显著。2009年开始，国家统计局开始编写全国农民工监测调查报告，对农民工总体规模、就业状况、流向分布、培训情况、收入居住状况、权益保障等方面进行抽样调查。从图3-6可以看出，农民工总量逐年增长，但是增长率在2010年后逐年下降，平均每年下降幅度达到近1个百分点。外出农民工与本地农民工比重基本稳定。

① 李金滟．城市集聚：理论与证据［D］．武汉：华中科技大学，2008：38.

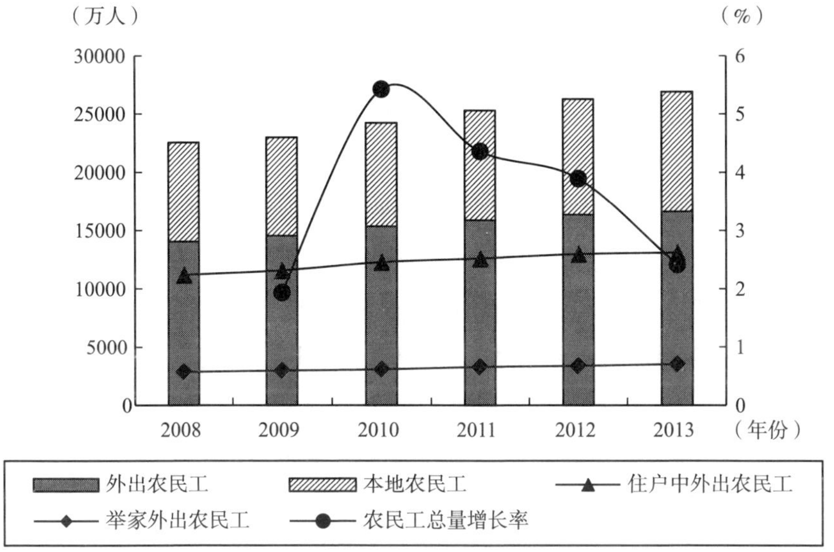

图 3－6　2008～2013 年农民工变动

资料来源：国家统计局 . 2013 年全国农民工监测报告［EB/OL］. http：//www. stats. gov. cn/tjsj/zxfb/201405/t20140512_551585. html.

从区域内部来看（见表 3－1），东部地区跨省流动的农民工 812 万人，在东部地区省份之间流动的农民工人数占 17. 2%。中部地区跨省流出农民工 3889 万人，占外出农民工总数的 60. 6%；西部地区跨省流出农民工 2727 万人，占外出农民工总数的 49. 6%；东北地区外出农民工跨省流动 166 万人，占外出农民工总数的 26. 4%。

表 3－1　　2018 年按输出地分的外出农民工人数及构成

按输出地分	外出农民工总量			构成		
	总量（万人）	跨省流动（万人）	省内流动（万人）	外出农民工（%）	跨省流动（%）	省内流动（%）
合计	17266	7594	9672	100. 0	44. 0	56. 0
东部地区	4718	812	3906	100. 0	17. 2	82. 8
中部地区	6418	3889	2529	100. 0	60. 6	39. 4
西部地区	5502	2727	2775	100. 0	49. 6	50. 4
东北地区	628	166	462	100. 0	26. 4	73. 6

资料来源：国家统计局 . 2018 年全国农民工监测报告［EB/OL］. http：//www. stats. gov. cn/tjsj/zxfb/201904/t20190429_1662268. html.

从农民工城市等级分布来看，农民工向地级市与小城镇集聚的态势明显，尤其在2013年，小城镇农民工就业比重达到35.7%，较前几年提高了近3个百分点。而农民工在直辖市务工人数占比分别在2010年（8.8%）、2012年（10%）和2013年（8.5%）有所下降，2013年的下降最为剧烈，与此相对应的是，2013年省会城市农民工占比达到22%，提高了1.9个百分点。2015年，在外出农民工中，流入地级以上城市的农民工11190万人，占外出农民工总量的66.3%，比2014年提高2个百分点。其中，8.6%流入直辖市，比2014年提高0.5个百分点；22.6%流入省会城市，比2014年提高0.2个百分点；35.1%流入地级市，比2014年提高0.9个百分点。跨省流动农民工80%流入地级以上大中城市，比上年提高3个百分点；省内流动农民工54.6%流入地级以上大中城市，提高0.7个百分点；外出农民工流向地级市人数首次超过流向小城镇的人数。2009~2015年按城市类型分的外出农民工人数及构成，如图3-7所示。

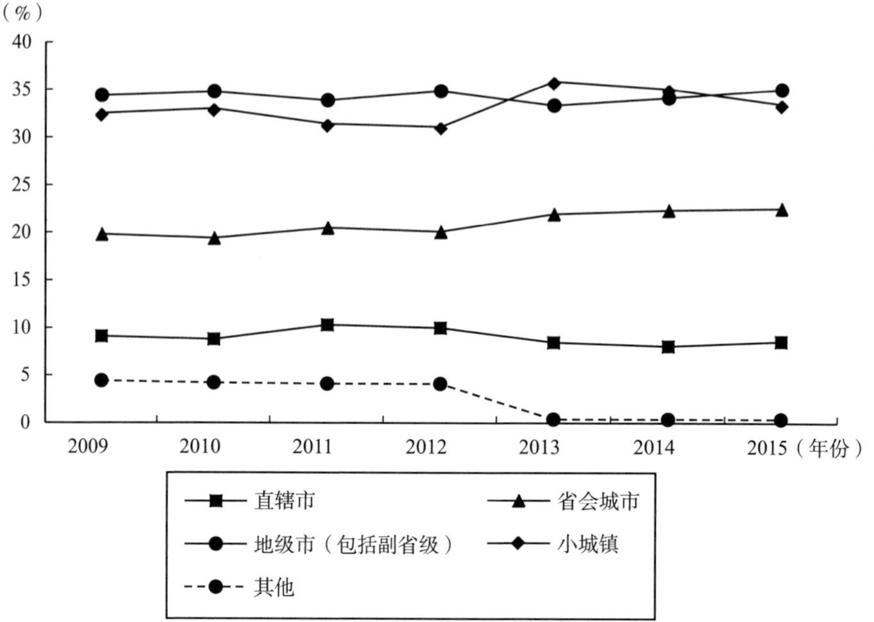

图3-7　2009~2015年按城市类型分的外出农民工人数及构成

资料来源：根据2009~2015年国家统计局的全国农民工监测报告数据整理所得。

（二）土地要素的集聚与分散

城市用地规模随着城镇化水平的提高和城市人口规模的增长而不断扩张。从图3－8至图3－12可以看出，中国城市基本与位序—规模法则相符。

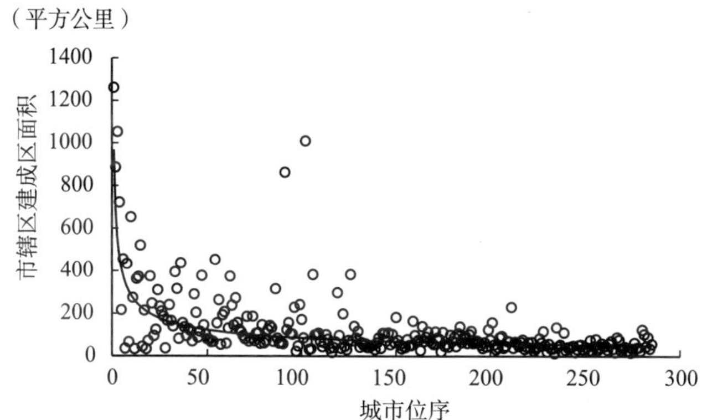

图3－8　2012年中国地级以上城市城市规模位序

资料来源：根据《中国城市统计年鉴2013》相关数据整理所得。

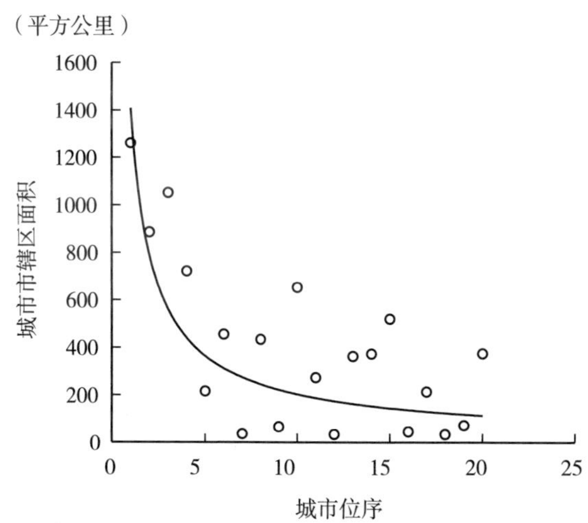

图3－9　巨型城市及特大城市规模位序

资料来源：根据《中国城市统计年鉴2013》相关数据整理所得。

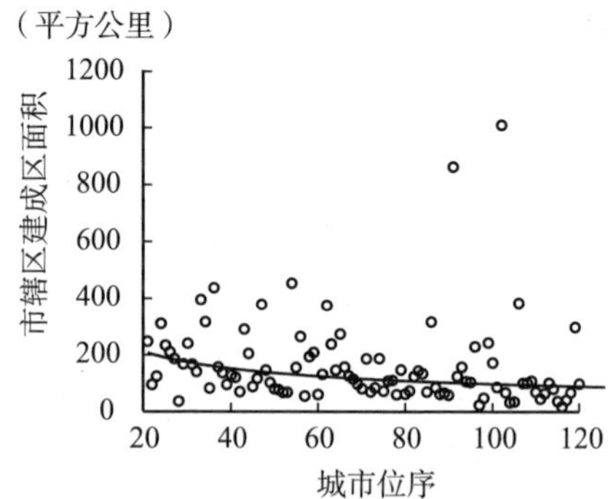

图 3－10　大城市规模位序

资料来源：根据《中国城市统计年鉴 2013》相关数据整理所得。

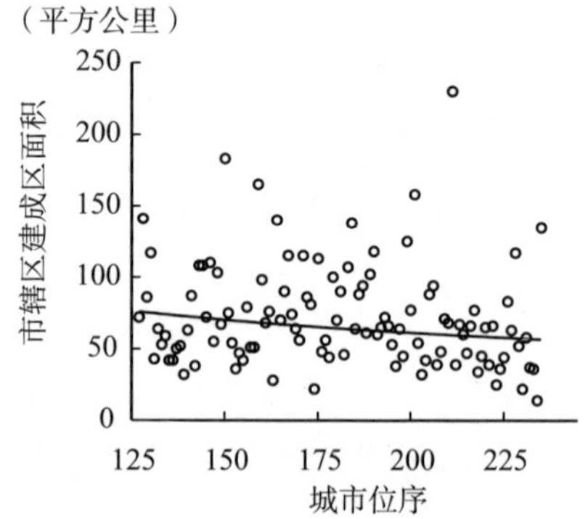

图 3－11　中等城市规模位序

资料来源：根据《中国城市统计年鉴 2013》相关数据整理所得。

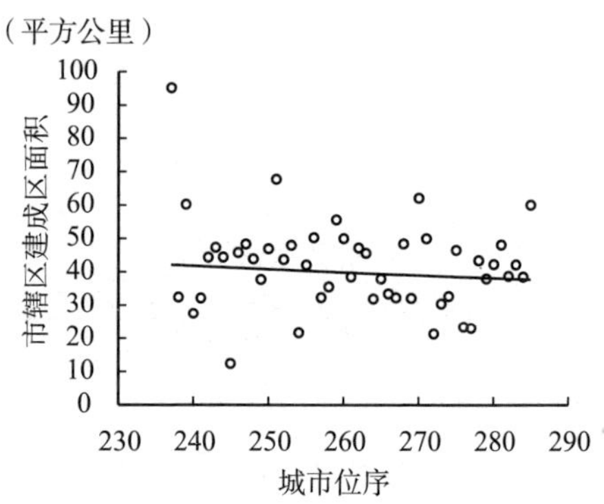

图 3－12　小城市规模位序

资料来源：根据《中国城市统计年鉴 2013》相关数据整理所得。

城市的发展必然伴随着土地的扩张。2007～2012 年，中国地级以上城市面积由 28092 平方公里扩张到 36377 平方公里，扩张了 1.3 倍。中小城市扩张速度快于大城市，市区面积年平均增长率超过 10% 的城市有 42 个，而除了武汉、珠海之外，均为中小城市。年均增长率超过 20% 的有 4 个城市，分别是呼伦贝尔、武汉、达州和云浮。最高的是呼伦贝尔，由 2007 年的 28 平方公里扩张到 2012 年的 102.1 平方公里，年均增长率达到 29.5%。而大城市城市扩张面积则远大于中小城市，城市面积扩张达到 100 平方公里以上的城市有 18 个，均为大城市，其中武汉市面积扩张了 552.28 平方公里，上海市面积扩张了 475.17 平方公里，分别占城市扩张总面积的 6.67% 和 5.73%。而海口（－91.86 平方公里）、石嘴山（－20.25 平方公里）、三亚（－18.82 平方公里）、鹰潭（－11.45 平方公里）和唐山（－10.7 平方公里）的城市面积则有一定程度的缩小。有 107 个城市的城市面积扩张小于 10 平方公里。①

第三节　小　　结

中国城市规模体系是在区域发展战略和城镇化发展政策的变迁下不断演进的。中国城市规模体系的形成与演化是市场的集聚力与政府的分散力博弈的过程，政府通过政策手段在区域层面和城市层面分解集聚力。

在区域层面，区域经济的集聚不平衡发展逐步走向分散的相对均衡的协同发展。从区域经济空间差异来看，东部地区与中西部地区、东北地区的差距显著缩小，区际差异的缩小显著推动了总体区域差异的下降；而东部地区区内差异显著缩小，东北和西北、西南地区的区内差异明显提高。这说明，政府在区域协同发展的大战略下，通过增加投资、优化布局和政策扶植向中西部地区和东北地区倾斜，使区域间经济相对分散协调地发展，也促进了中西部地区和东北地区内部的集聚程度。

① 龙瀛．中国人口密度的时空演变与城镇化空间格局初探：2000～2010［C］．城乡治理与规划改革——2014 中国城市规划年会，2014：15.

在城市层面，政府通过城市规划、设市制度、土地制度和城市管理制度对资源要素的传导机制，作用于劳动力、土地和资本的自由集聚和流动。在政府政策和制度对城市的直接干预和协同发展的区域战略共同作用下，中国城市集聚经济受到冲击。

第四章
中国城市集聚的效率与生产率变动

新型城镇化建设的重点任务之一是加强绿色城市建设，但是在当下的城镇化进程中，环境污染与城市集聚相伴而生，成为城市集聚的负效应，降低了城市集聚效率。本章将以方向性距离函数模型为基石的ML生产率指数和绿色技术效率相结合，测度城市集聚效率以及在环境约束下城市的绿色全要素生产率，并对其变动进行分解。

第一节　城市集聚效率：研究方法与变量选取

生产率是带来经济增长的引擎，全要素生产率增长是经济增长的核心。传统的全要素生产率增长是扣除投入增长的产出增长的剩余部分。但是，传统的全要素生产率的测度往往没有考虑环境污染的产出，但是环境污染是集聚纯负外部性带来的集聚负效应，对环境污染这一非期望产出的忽略，会造成城市集聚效率的虚高。因此选用以方向性距离函数模型为基石的ML生产率指数和绿色技术效率相结合，来测算考虑环境因素的中国城市绿色全要素生产率，并将ML生产率指数进行分解和比较。

一、绿色技术效率

绿色技术构造的基础是将环境污染作为非期望产出纳入全要素生产率的分析框架中，需要构造一个既包含期望产出，又包含非期望产出的生产边界。因此，需要将中国的城市看作一个DMU来构造每一年的最优生产前沿面。假设，每一个城市使用N种投入 $x=(x_1, \cdots, x_N)\in R_N^+$，得到M种期望产出 $y=(y_1, \cdots, y_M)\in R_M^+$ 和I种非期望产出 $b=(b_1, \cdots, b_I)\in R_I^+$，用 $P(x)$ 表示生产可行性集，则：

$$P(x)=\{(y, b): x\text{可以生产}(y, b)\}, x\in R_N^+, y\in R_M^+, b\in R_I^+$$

为了使 $P(x)$ 得到良好的定义，需要满足三个条件：

非期望产出具有弱可处置性，即在固定投入的条件下，如果 $(y, b)\in P(x)$ 且 $0\leqslant\theta\leqslant1$，则 $(\theta y, \theta b)\in P(x)$，这意味着如果要减少非期望产出，那么期望产出也必须同比例减少。这是因为，降低环境污染是需要资源投入的，如果资源没有用在减少非期望产出的地方，那么就可以用来增加期望产出。这将“减少环境污染原本就是有成本”的思想纳入生产可能性集中。

条件1：非期望产出的弱可处置性和条件2期望产出的强可处置性构成了非期望产出和期望产出之间的非对称性。

条件2：期望产出具有强可处置性，即在固定投入的条件下，如果 $(y_1, b)\in P(x)$ 且 $y_1\geqslant y_2$，那么 $(y_2, b)\in P(x)$。

条件3：非期望产出和期望产出之间是零和的。即如果 $(y, b)\in P(x)$ 且 $b=0$，则 $y=0$。这说明如果一个城市没有非期望产出，那么也是没有期望产出的；如果有期望产出，也必然有非期望产出。

基于以上3个条件，假设对于每个时期 $t=1, \cdots, T$，都有 $k=1, \cdots, K$，个投入产出观察值 (x_k^t, y_k^t, b_k^t)，可以将满足上述3个条件的绿色技术效率模型表示为：

$$\begin{aligned} P^t(x^t)=\{(y^t, b^t): &\sum_{k=1}^{K} z_k^t y_{km}^t\geqslant y_m^t \quad m=1, \cdots, M\\ &\sum_{k=1}^{K} z_k^t b_{ki}^t=b_i^t \quad i=1, \cdots, I\\ &\sum_{k=1}^{K} z_k^t x_{kn}^t\leqslant x_n^t \quad n=1, \cdots, N\\ &z_k^t\geqslant0 \quad k=1, \cdots, K\} \end{aligned} \tag{4.1}$$

$z_k^t(k=1, \cdots, k)$ 表示权重，即在构建生产可能性边界时，赋予每个观察值的权重。式（4.1）中，对期望产出和投入变量约束表明，期望产出是强可处置的；对非期望产出和投入变量的约束表明，非期望产出是弱可处置的。为了满足条件3，则需要对式（4.1）强调以下两个约束：

$$\sum_{k=1}^{K} b_{ki}^{t} > 0 \quad i = 1, \cdots, I \tag{4.2}$$

$$\sum_{i=1}^{I} b_{ki}^{t} > 0 \quad k = 1, \cdots, K \tag{4.3}$$

式（4.2）表示，非期望产出至少有一个城市生产。式（4.3）表明，每一个城市都至少生产了一种非期望产出。

二、DDF方向性距离函数与绿色技术效率的结合

在定义绿色技术效率的基础上，通过方向性距离函数模型对环境约束下的生产率进行计算。因为环境污染的数据为排放量，而没有价格数据的统计，方向性距离函数是最优的选择。方向性距离函数的结果与投入产出指标的测量单位是无关的，这意味着，如果同一组数据的方向向量不变，那么投入产出数据的测量单位发生改变，模型的分析结果是保持不变的。[①] 方向性距离函数能够实现非期望产出的减少和期望产出的增加，这是谢泼德[②]产出距离函数的一般化表达。定义方向向量 $g = (g_y, -g_b)$，则方向性距离函数为：

$$\vec{D}_0^t(x^t, y^t, b^t; g_y, -g_b) = \sup[\beta: (y^t + \beta g_y, b^t - \beta g_b) \in P^t(x^t)] \tag{4.4}$$

式（4.4）表明，期望产出与非期望产出是非对称的。在固定投入水平的条件下，β是期望产出和非期望产出扩大和缩小相同比例时，期望产出扩大和非期望产出缩小的最大值。

图4-1表明在投入导向下的最大化期望产出与最小化非期望产出之和。产出集表示技术效率，产出向量（y^t，b^t）属于$P^t(x^t)$。谢泼德的距离函数将初始向量点A(y^t，b^t)线性成比例地扩大，即（y^t/θ，b^t/θ），到C点。更为一般的方向性距离函数是将这个产出量由A点到B点，即

① 成刚．数据包络分析方法与MaxDEA软件［M］．北京：知识产权出版社，2014：26.

② 谢泼德（Shephard，1970）的产出距离函数寻求同时增加“好”产出和“坏”产出。

在 $g=(g_y, -g_b)$ 的方向上移动。在 B 点的产出集是 $P^t(x^t)$，产出向量是 $y^t+\beta^* g_y$，$b^t-\beta^* g_b$，其中 $\beta^*=\overline{D}_0^t(x^t, y^t; g^y, -g^b)$，即 $\beta^* g_y$ 已经被加到期望产出 y^t 上，$\beta^* g_b$ 则从非期望产出 b^t 中去除。

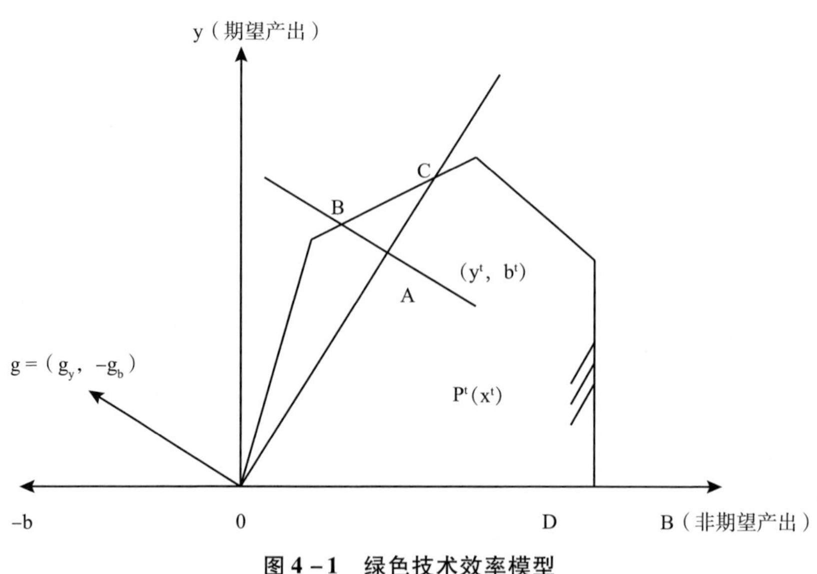

图 4－1　绿色技术效率模型

方向性距离函数表示，在既定的投入向量 x 下，沿着方向向量 g，产出向量（y，b）所能扩张的最大倍数 β。$\overline{D}_0^t(x^t, y^t, b^t)\geqslant 0$，生产且其值越小表明生产越接近可能性边界的概率就越高。$\overline{D}_0^t(x^t, y^t, b^t)=0$ 时表明生产决策单元已处于生产可能性边界之上，生产是完全有效的。

参照全要素生产率研究中对技术效率基于 DDF 的定义，绿色技术效率（GTE）可以被定义为：

$$GTE=\frac{1}{1+\overrightarrow{D}_0^t(x^{t,k'}, y^{t,k'}, b^{t,k'}; y^{t,k'}, -b^{t,k'})}$$

绿色技术效率的概念与生产可能性前沿紧密相关。当目标值处于生产可能性前沿时，DDF 的值为 1，GTE 的值为 1。GTE 的值越大，目标值与生产可能新前沿越接近。这说明，在有限的投入下，期望产出的实际值与最大值、非期望产出的实际值与最小值之间的距离越小。因此，绿色技术效率的概念可以用来测度城市实际增长与最优增长之间的距离。

三、ML 生产率指数

资源对经济发展的刚性约束，是可持续发展的要求。但一直以来，中国经济发展绩效的考核是 GDP 至上的，这种考核标准使中国很多城市走高投入、高污染的粗放型不可持续发展道路，一些城市甚至已经濒临资源枯竭的边缘。这种传统的考核标准正是因为将产出作为重要的考量，而忽视了投入约束导致的。20 世纪以来，投入作为重要的引擎使生产率有了极大的提高，也正是因为这种投入驱动的发展方式，经济学家开始关注将全要素生产率作为经济增长的考核标准，即将投入作为一种刚性约束纳入经济增长的考核标准。全要素生产率的考核模式，仅仅考虑了投入约束，而没有考虑废水排放、二氧化硫、二氧化碳、工业粉尘等环境污染的产出约束，在这种考核方式下测算的经济绩效依然是有偏的，并且很有可能导致进一步政策建议的误导。

因此，学者对生产率的测量指标进行了进一步的研究。从已有研究来看，Malmquist 生产率指数（Färe et al.，1994）、Lunerberger 生产率指标（Chambers et al.，1996）和 Malquist - Lunerberger 生产率指数（Chung et al.，1997）是目前最主要的三种测量生产率的指标。ML 生产率指数结合了前两者的优点，既能够将生产率指数进行分解，以考察生产率变动的来源，又能够加入环境约束的非期望产出。

将（y，b）定义为方向向量，那么，DDF 与传统的标准距离函数之间的关系可以用式（4.5）来表达：

$$
\begin{aligned}
\vec{D}_0^t(x^t, y^t, b^t; y, b) &= \sup\{\beta \mid (y^t+\beta g_y, b^t+\beta g_b) \in P(x^t)\} \\
&= \sup\{\beta \mid [y^t(1+\beta), b^t(1+\beta)] \in P(x^t)\} \\
&= \sup\{-1+(1+\beta) \mid [y^t(1+\beta), b^t(1+\beta)] \in P(x^t)\} \\
&= -1+\sup\{(1+\beta) \mid [y^t(1+\beta), b^t(1+\beta)] \in P(x^t)\} \\
&= -1+\frac{1}{D_0^t(x^t, y^t, b^t)} \qquad (4.5)
\end{aligned}
$$

在式（4.5）的基础上，ML 生产率指数（Chung et al.，1997）可以

定义为：

$$ML^{t}=\frac{[1+\vec{D}_0^t(x^t, y^t, b^t; y^t, -b^t)]}{[1+\vec{D}_0^t(x^{t+1}, y^{t+1}, b^{t+1}; y^{t+1}, -b^{t+1})]} \quad (4.6)$$

其中，$g_y=y^t$，$-g_b=-b^t$。式（4.5）定义了时期 t 到时期 t+1 的 ML 生产率指数。

以 t+1 时期的技术作为参照来定义 ML 生产率指数，则：

$$ML^{t+1}=\frac{[1+\vec{D}_0^{t+1}(x^t, y^t, b^t; y^t, -b^t)]}{[1+\vec{D}_0^{t+!}(x^{t+1}, y^{t+1}, b^{t+1}; y^{t+1}, -b^{t+1})]} \quad (4.7)$$

根据钟、法勒和格罗科普夫（Chung，Färe & Grosskopf，1997），为了避免不合理使用标准参照技术，采用式（4.6）和式（4.7）的几何平均数作为 ML 生产率变化指数：

$$ML_t^{t+1}=(ML^t\times ML^{t+1})^{1/2} \quad (4.8)$$

式（4.8）对价格信息没有任何要求，期望产出的扩大和非期望产出的缩小是被允许的，并且期望产出的扩大和非期望产出的缩小是等比例的，因此赋予产出的权重也是相同的。式（4.8）可以进行分解，来解释 ML 生产率变动的原因（同见 Färe et al.，1994）：

$$ML_t^{t+1}=MLTECH_t^{t+1}\times MLEFFCH_t^{t+1} \quad (4.9)$$

式（4.9）表明，ML 生产率变化指数可以被分解为效率改进（MLEFFCH）和技术进步（MLTECH），MLEFFCH 和 MLTECH 可以定义为：

$$MLTECH_t^{t+1}=\left\{\frac{\dfrac{[1+\vec{D}_0^{t+1}(x^t, y^t, b^t; y^t, -b^t)]}{[1+\vec{D}_0^{t+1}(x^{t+1}, y^{t+1}, b^{t+1}; y^{t+1}, -b^{t+1})]}}{\dfrac{[1+\vec{D}_0^{t}(x^t, y^t, b^t; y^t, -b^t)]}{[1+\vec{D}_0^{t}(x^{t+1}, y^{t+1}, b^{t+1}; y^{t+1}, -b^{t+1})]}}\right\}^{1/2} \quad (4.10)$$

$$MLEFFCH_t^{t+1}=\frac{[1+\vec{D}_0^t(x^t, y^t, b^t; y^t, -b^t)]}{[1+\vec{D}_0^{t+!}(x^{t+1}, y^{t+1}, b^{t+1}; y^{t+1}, -b^{t+1})]} \quad (4.11)$$

如果在不同时期，投入产出不变，即 $x^t=x^{t+1}$，$y^t=y^{t+1}$，$b^t=b^{t+1}$，则 ML 生产率指数不变，即 $ML_t^{t+1}(\cdot)=1$。如果 $ML_t^{t+1}(\cdot)>1$，则表明 ML 生产率指数是提高的，如果 $ML_t^{t+1}(\cdot)<1$，则表明生产率指数是降低的。

式（4.10）衡量了期望产出和非期望产出的扩大或缩小的技术变化，如果 $MLTECH_t^{t+1}>1$，则说明生产可能性边界向期望产出扩大和非期望产出缩小的方向移动；如果 $MLTECH_t^{t+1}=1$，则说明生产可能性边界是无变化的；如果 $MLTECH_t^{t+1}<1$，则说明生产可能性边界的移动方向为期望产出缩小和非期望产出扩大。

式（4.11）衡量了时期 t 和时期 t+1 之间效率的变化。$MLEFFCH_t^{t+1}$ 衡量了期望产出和非期望产出成比例扩大和缩小，是目标观测值与对应的 DMU 构成的生产可能性边界距离的比率。如果 $MLEFFCH_t^{t+1}>0$，则表明，在 t+1 时期，观测对象与生产前沿的距离比 t 时期更近了；如果 $MLEFFCH_t^{t+1}=0$，则表明，在 t+1 时期，观测对象与生产前沿的距离没变；如果 $MLEFFCH_t^{t+1}<0$，则说明，在 t+1 时期，观测对象距离生产前沿的距离较 t 时期更远了，意味着观测对象随时间而倒退。

四、数据的选取和说明

本章以全国地级及以上城市数据为研究基础的。但是自改革开放后，中国行政区划的变动较为频繁，基本可归纳为三种方式：撤县设（县级）市，县市升格或地区改（地级）市，撤县（市）设区，对中国城市数量增加起到了较大的促进作用（罗震东，2008）。通过对《中国统计年鉴》和行政区划网（www.xzqh.com）中“中华人民共和国行政区划沿革”的相关统计资料整理可以看出，2004 年开始，中国城市行政区划变更逐步稳定下来，地市级行政区共 333 个，包括 283 个地级市、17 个地区、自治州和盟分别为 30 个和 3 个，县级行政区和乡级行政区分别有 2862 个和 43275 个。① 而自 2013 年开始逐步进入“新一轮”行政区划调整期，每年行政区划调整 20 项左右。② 为了保证城市层面数据的一致性、连贯性与可获得性，本书研究的时间跨度设定在 2004～2012 年。因为 ML 生产率指

① 中华人民共和国民政部．中华人民共和国行政区划简册［M］．北京：中国地图出版社，2005：8.

② 根据 2004～2019 年民政事业统计公报（http://www.mca.gov.cn/article/sj/tjgb/）整理所得。

数是 t 年到 t+1 年的变化率，因此将多搜集一年的城市相关数据。本书的基础数据均来源于 2003～2013 年《城市统计年鉴》《中国统计年鉴》《中国环境年鉴》《中国区域统计年鉴》，以及中经网数据库和国研网数据库。

（1）期望产出。

期望产出使用城市地区生产总值，以各省份 2000 年的地区生产总值为基期，扣除价格因素，进而得出城市实际地区生产总值。

（2）非期望产出。

综合已有研究，对于非期望产出的选择范围较广。由于受到城市污染物排放数据的限制，本书将城市污水排放量、二氧化硫排放量作为非期望产出。

（3）土地投入。

土地是城市发展的重要投入，因此将土地作为投入侧纳入模型，将城市建成区面积作为土地投入的指标。

（4）劳动投入。

本书使用城市市辖区三次产业从业人员数作为劳动投入的衡量指标。

（5）资本存量。

目前对城市效率进行估算的研究，在计算城市固定资本存量时基本全部使用城市固定资产投资来替代。作为重要的投入指标，这无疑会使全要素生产率的测算产生偏误。因此，本书在柯善咨（2012）计算城市固定资本存量方法的基础上，对城市固定资本存量进行估算。

永续盘存法（Goldsmith，1951）是在计算资本存量中使用最为广泛的方法。由于中国缺失大规模资产普查的方法和数据，所以采用固定基准年份后，使用永续盘存法计算个城市不变价格的资本存量。永续盘存法的基本公式①为：

$$K_{i,t} = K_{i,t-1}(1 - \delta it) + I_{i.t} \tag{4.12}$$

其中，i 指第 i 个省区市，t 指第 t 年。式（4.12）包含四个变量：一是当年投资 $I_{i.t}$ 的选取；二是投资价格指数的构造，即将当年投资折算到不变

① 张军，吴桂英，张吉鹏．中国省际物质资本存量估算：1952—2000［J］．经济研究，2004（10）：35－44.

价格；三是经济折旧率 δ 的确定；四是基年资本存量 K 的确定。

当年投资 I 的选取。当年投资序列的选取要首先确定固定资产投资的建设周期。由于国内没有关于固定资产投资建设周期的详细统计，但是 2000～2012 年间，固定资产投资基本建设项目和更新改造项目的平均周期为 4.1 年和 2.4 年，同时，固定资产投资的基本建设和更新改造投资额的比重基本为 0.4：0.16，因此可得到城市固定资产投资的建设周期近似为 3 年。式（4.12）中的投资是指当年新增的固定资产投资，这部分投资已经生成为固定资产，因此选用新增固定资产投资额作为投资 I 是最为合适的。但是由于城市相关资料中没有对新增固定资产专门的统计，因此，使用城市固定资产投资额作为投资 I 的基础序列，并使用 $I'_t=(I_t+I_{t-1}+I_{t-2})/3$ 作为当年新增的固定资产。

经济折旧率。资本品折旧率的确定需要抓住四个关键点——折旧模式、残值率和折旧年限和资本存量结构。第一，我们通常假定资本品的折旧按照几何递减模式来进行；第二，依照惯例，固定资产的残值率多被假定为 4%；第三，参照主要文献对折旧年限的选取，我们假定建筑折旧需要 40 年，设备折旧需要 16 年；第四，在对存量资本折旧率进行整体估算的时候，需要考虑其结构（主要是建筑和设备的比重）带来的影响。关于某地存量资本结构的确认，我们对近三年该地城镇和集体单位固定资产投资中这两大类投资所占比重取平均值，在计算价格总指数细项的权重时也遵循这一原则。这样四个关键因素就可以得到确认，并可据此计算出某地资本的加权总折旧率。

初始资本存量。利用莱因斯多夫（Reinsdorf et al.，2005）估算初始资本存量的方法，假定 I'_t 是 t 年的不变价格投资，在本书中投资 $I'_t=(I_t+I_{t-1}+I_{t-2})/3$，$I'_0$ 是初始年份的不变价投资，g 为不变价投资 I'_t 的平均增长率，δ 为资本平均折旧率，初始年份前一年的不变价投资是 $I'_0/(1+g)$。设折旧从投资完后的第二年开始，初始年份前一年的投资在初始年末仍在资本存量中的那部分是 $I'_0(1-\delta)/(1+g)$。初始年份前两年的投资在 0 年资本存量中等于 $I'_0[(1-\delta)/(1+g)]^2$。故，初始年份资本存量为：

$$K_0=I'_0\left[1+\frac{1-\delta}{1+g}+\left(\frac{1-\delta}{1+g}\right)^2+\cdots\right]=I'_0\left(\frac{1+g}{g+\delta}\right) \quad (4.13)$$

固定资产投资价格总指数。《中国统计年鉴》公布了各省（市）建筑安装工程、设备工具器具购置和其他三大类资本品各自的固定资产投资价格指数以及价格总指数。价格总指数由三大类资本品的价格指数加权得到，权重是上述三类投资的前三年投资完成额的比重。

第二节　中国城市集聚效率与生产率变动

本书使用 MAXDEA 软件对 2004～2012 年全国 285 个地级及以上城市投入—产出面板数据进行处理，得到城市集聚效率、ML 生产率指数及其分解技术效率变动和技术进步变动，并通过 ML 生产率指数估算出城市绿色全要素生产率。在此之前首先对城市传统的全要素生产率做了考察，以和纳入非期望产出后城市全要素生产率的变动进行对比。

一、中国城市传统全要素生产率考察

为了与纳入非期望产出的全要素生产率进行对比，首先使用随机前沿的方法测算城市传统全要素生产率，采用对数形式的时变技术效率随机前沿生产模型：

$$\ln y_{i\tau} = \alpha_0 + \sum_j \alpha_j \ln x_{ji\tau} + 1/2 \sum_j \sum_i \beta_{jl} \ln x_{li\tau} \ln x_{ji\tau} + 1/2 \beta_{TT} t^2 + \sum_j \beta_{Tj} t \ln x_{ji\tau} + v_{i\tau} - u_{i\tau} \tag{4.14}$$

即

$$\ln y_{it} = \beta_0 + \beta_1(\ln L_{it}) + \beta_2(\ln K_{it}) + \beta_3(\ln L_{it})^2 + \beta_4(\ln K_{it})^2 + \beta_5(\ln L_{it})(\ln K_{it}) + \beta_6(\ln L_{it})t + \beta_7(\ln K_{it})t + \beta_8 t + \beta_9 t^2 + v_{it} - u_{it} \tag{4.15}$$

其中，y_{it}为 i 城市第 t 年的实际 GDP，L_{it}为 i 城市第 t 年的从业人员总数，K_{it}为 i 城市第 t 年的资本存量。数据选取如上节所述。

（一）中国城市传统全要素生产率整体特征

从图 4－2 可以看出，2004～2012 年，全国各区域全要素生产率增长率变动趋势存在差异。东部地区全要素生产率增长率变动较为平稳，除了

2005 年（0.025）和 2009 年（0.027）短暂下降，基本呈波动上升的趋势，最高点为 2011 年的 0.034，但是 2012 年又下降到了 0.027。中部地区全要素生产率增长率变动幅度较大，由 2004 年的 0.025 上升到 2007 年的 0.048 后，2008 年急速下降到 0.023，之后则一直呈现上升趋势，2012 年达到 0.043，是四大区域中唯一一个全要素生产率增长率上升的地区。西部地区全要素生产率增长率大体呈现 V 形趋势，在四大区域处于较高水平，且变化较为稳定，尤其在 2011 年达到高点（0.044）。东北地区全要素生产率增长率变动呈现 W 形趋势，在 2006 年（0.022）和 2008 年（0.028）出现两个低点，2009 年上升到 0.036 后保持平稳态势。

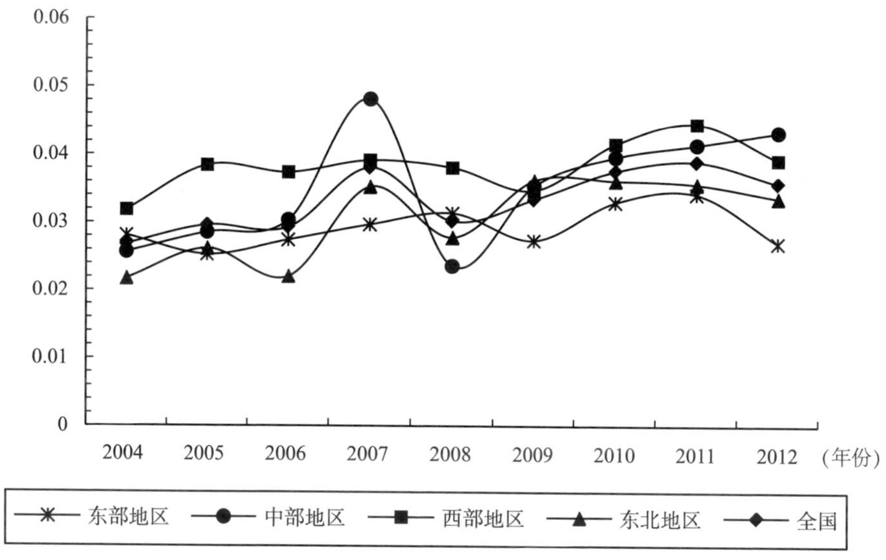

图 4－2　中国全要素生产率的区域变化

（二）中国城市传统全要素生产率的分解

全要素生产率变化率可以进一步分解为技术效率变化率、规模效率变化率、技术进步变化率和资源配置变化率四个部分，可以看出，推动四大区域全要素生产率增长率进步的是技术效率和资源配置效率。西部地区的技术效率变化率和资源配置贡献率最高。中国区域全要素生产率分解，如表 4－1 所示。

表4－1　　中国区域全要素生产率分解　　单位：%

地区	技术效率贡献率	规模效率贡献率	技术进步贡献率	资源配置贡献率
东部地区	38.74	－23.09	25.65	58.71
中部地区	37.78	6.04	17.06	39.13
西部地区	64.99	－39.71	－0.52	75.24
东北地区	39.81	－29.63	13.51	76.30

二、中国城市绿色技术效率

在非期望产出条件下，2004～2012年中国285个地级及以上城市的静态绿色技术效率的平均值为0.6773，这与日前各城市出现的雾霾天气、城市环境恶化等现象是一致的，环境污染和工业污水、二氧化硫排放必然会降低城市整体的绿色技术效率。从各城市的情况来看，差距也相当大，如表4－2所示。静态绿色技术效率达到1的城市有12个，分别是上海、北京、深圳、东莞、大庆、三亚、陇南、绥化、玉溪、定西、固原和庆阳；城市绿色技术效率在0.8～1之间的有47个，城市绿色技术效率在0.6～0.7的有80个城市，有92个城市的绿色技术效率值在0.5～0.6之间，有80个城市的绿色技术效率值在0.6～0.7之间。由此可见，在非期望产出条件下，中国城市静态绿色效率普遍偏低，环境污染对城市绿色技术效率的提高有极大的抑制作用。

表4－2　　中国地级以上城市按绿色技术效率值分类

效率区间	城市
1 （12个）	北京、上海、定西、深圳、东莞、三亚、陇南、庆阳、固原、大庆、绥化、玉溪
0.8～1 （47个）	佛山、中山、常德、广州、莆田、常州、资阳、青岛、汕头、天津、济南、厦门、杭州、鄂尔多斯、长沙、宣城、唐山、随州、天水、合肥、张家界、襄阳、武汉、十堰、太原、沈阳、佳木斯、哈尔滨、黑河、长春、伊春、大连、克拉玛依、武威、海口、商洛、乌鲁木齐、安康、昭通、临沧、巴中、丽江、自贡、雅安、昆明、铜川、保山

续表

效率区间	城市
0.7~0.8（54个）	亳州、东营、安顺、无锡、漯河、鞍山、盘锦、辽源、南昌、阳泉、苏州、曲靖、崇左、金昌、呼和浩特、茂名、黄山、宁波、白山、齐齐哈尔、岳阳、南充、舟山、莱芜、成都、南京、宁德、怀化、双鸭山、锦州、包头、松原、汕尾、揭阳、鄂州、吉林、芜湖、兰州、扬州、朔州、邵阳、攀枝花、来宾、防城港、珠海、龙岩、宿州、重庆、江门、鸡西、北海、贺州、柳州、抚顺
0.6~0.7（80个）	淄博、池州、徐州、湛江、白银、平顶山、铜陵、鹰潭、酒泉、福州、漳州、烟台、银川、萍乡、台州、滁州、葫芦岛、贵阳、延安、广安、新余、惠州、遵义、遂宁、淮北、荆门、临汾、阳江、七台河、石嘴山、马鞍山、南宁、日照、嘉峪关、黄石、玉林、南通、宿迁、阜阳、本溪、泰安、四平、阜新、温州、德阳、咸宁、西安、威海、秦皇岛、铁岭、牡丹江、辽阳、株洲、泉州、蚌埠、盐城、营口、宜昌、钦州、内江、张掖、乌海、桂林、镇江、肇庆、衡阳、梧州、鹤岗、郑州、平凉、淮安、临沂、朝阳、广元、大同、赤峰、吕梁、贵港、丹东、西宁
0.5~0.6（92个）	湖州、泰州、沧州、丽水、保定、河源、云浮、张家口、潮州、金华、石家庄、清远、衢州、枣庄、南平、邯郸、廊坊、济宁、连云港、承德、潍坊、通化、韶关、嘉兴、衡水、三明、德州、滨州、邢台、绍兴、永州、信阳、洛阳、安庆、濮阳、湘潭、晋中、驻马店、娄底、淮南、六安、九江、抚州、荆州、忻州、赣州、许昌、开封、鹤壁、黄冈、孝感、郴州、宜春、吉安、长治、商丘、新乡、景德镇、三门峡、安阳、周口、南阳、上饶、运城、晋城、菏泽、焦作、通辽、白城、聊城、中卫、乌兰察布、宝鸡、吴忠、榆林、汉中、渭南、呼伦贝尔、咸阳、巴彦淖尔、眉山、泸州、绵阳、宜宾、思茅、达州、六盘水、益阳、乐山、百色、梅州、河池

从时间序列来看（见图4－3），2004～2012年，中国285个地级及以上城市的绿色技术效率基本处于下降态势，2004～2006年城市绿色技术效率较为平稳，在0.68左右波动，2007年上升到0.69之后，2008年继续下降，2011年降至最低，为0.6569，2012年重新上升到0.6836。

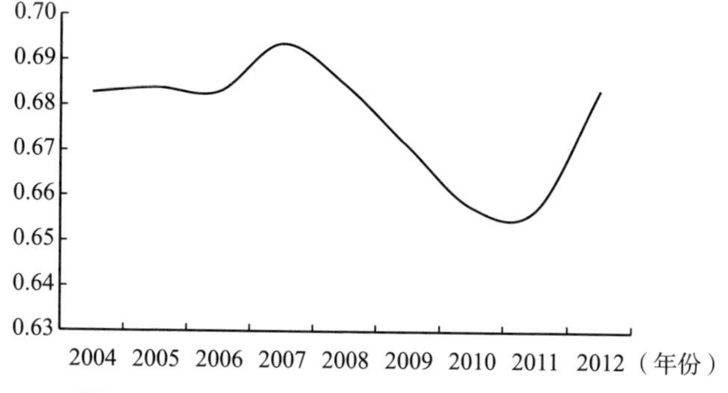

图4－3　2004～2012年中国城市绿色技术效率

从五大区域来看（见图4-4），东部、中部、东北、西北和西南地区的城市绿色技术效率值从高到低呈阶梯状分布，绿色技术效率值为1的城市分布在东部地区和西北地区的各5个，东北地区和西南地区各1个，中部地区没有出现绿色技术效率为1的城市。五大区域绿色技术效率在0.8~1之间的城市分布情况较为相似，占区域城市数量的15%~21%左右。东北地区绿色技术效率在0.7~0.8和0.6~0.7的城市占比高于其他四个地区，分别达到32%和35%。中部地区绿色技术效率在0.5~0.6之间的城市占比达到46%，远高于其他四个区域。从区域内部来看，东部地区和中部地区的城市绿色技术效率整体偏低，在0.5~0.7之间的城市占比分别达到60%和73%。东北地区城市绿色技术效率相对集中分布在0.8~1、0.7~0.8和0.6~0.7三个区间。西南地区城市的绿色技术效率平均分布在四个区间（除去技术效率为1的城市，占比2%）。西北地区城市绿色技术效率分布相对最均匀。

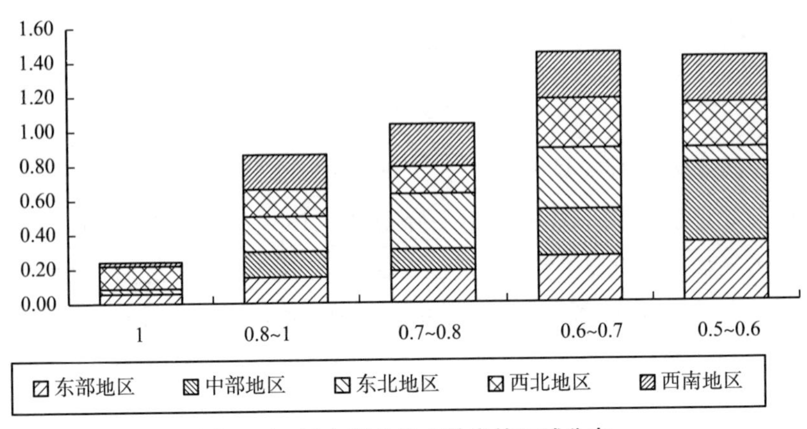

图4-4 城市绿色技术效率的区域分布

三、城市绿色全要素生产率

绿色技术效率是一种静态的静态指标，动态的效率变化了需要通过ML生产率指标和绿色全要素生产率来表达。通过测度可以得出，2004~2012年中国285个地级及以上城市的ML生产率指标和绿色全要素生产率的平均值为0.9571和0.8001，而传统全要素生产率则达到1.033。将城市工业污水和二氧化硫排放作为刚性约束进行测算后发现，中国城市绿色全要素生产率反而出现了不同程度的下降。中国城市绿色全要素生产率不升反降的局面在一定程度上是由以下原因导致的，2000年以后，中国工业再现重型化，单纯追求GDP增长的政府意志导致“三高”产业迅速发展，加之政府环境保护政策执行不力，使生态环境受到大范围破坏。

从时间序列来看（见图4－5），2004～2005年ML生产率指标均低于1。ML生产率指标先是下降，由2004～2005年的0.9421下降到2005～2006年的0.9399。2006～2007年的ML生产率指标首次出现上升，达到0.9501，而后呈现上升趋势，2007～2008年的ML生产率指标达到0.9621。2008～2009年回落到0.9493后，2009～2010年的ML生产率指标上升至0.9747。2010～2011年和2011～2012年两个时段，ML生产率指标又呈现下降趋势，降至0.9668。因为受到城市数据限制，本书的考察期设定为2004～2012年，但王兵等（2014）的研究计算了2000～2010年全国层面的ML生产率指标，其测算出的2004～2010年中国ML指数的变动趋势与本书测算的中国285个地级及以上城市的ML生产率指数的变动趋势大体一致，因此其测算的2000～2004年的ML生产率指标可以在一定程度上作为本书的参考。综合王兵等（2014）的研究，可以发现，ML生产率指数“十五”期间，中国经济在经历了前半段的跌势之后，于2003年开始集中发力，出现了GDP增速超过10%的高速增长。但这种高速增长却以高耗能高污染行业的滋生为代价，并导致了绿色全要素生产率的快速下滑。究其原因，本轮增长的动力来源于三大方面：首先是住房改革催生的房地产销售和投资异军突起；其次是产业政策以汽车为突破口使该行业突飞猛进；最后是加入世界贸易组织（WTO）之后的外部需求得到有效释放，特别是机电和化工产品出口速度加快。而这三个方面动力共同指向一个问题，即带动了重化工行业，比如采矿业、冶炼、金属加工、非金属化工原料生产等行业的高速增长。这就不可避免地导致能耗和污染双双增加。此外，地方政府间的恶性竞争导致大量重复建设和低效投资的扩张。从实证分析来看，尽管本书并未将 CO_2 计入非期望产出，但 SO_2 排放的大幅反弹并导致 ML 生产率指标的快速下滑足以证明低效投资和高污染高能耗对经济的伤害。“十五”末期，国家已意识到粗放增长模式的危害性，并于 2005 年借产能结构调整的手段淘汰了一批落后生产设备。但由于推进力度相对较小，当年 SO_2 排放量继续大幅增加。进入“十一五”后，政府明显加大去污减排的环保力度。2006 年中央先后通过《关于落实科学发展观加强环境保护的决定》，召开全国环保大会，提出建设“资源节约型社会、环境友好型社会”，随即在全国范围内掀起一轮环境保护的高潮。在此背景下，以 SO_2 为代表的主要污染物的排放开始大幅缩量。在此影响下，物排放量密切相关，绿色全要素生产率指标将污染物排放量作为“坏”产出，能够反映出生产活动中对环境的消耗带来的增长质量上的差异，将经济发展的内涵从传统全要素生产率只关注“好”产出的增长，延伸到既注重经济增长的数量同时兼顾质量，是一个更加全面评价经济绩效的合理指标。

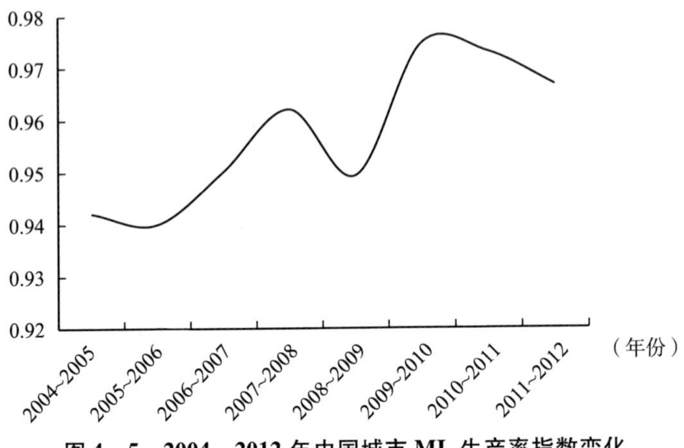

图 4－5　2004～2012 年中国城市 ML 生产率指数变化

从五大区域来看，2004～2012 年中国城市绿色全要素生产率提高的城市有 38 个，其中，东部地区 20 个城市，中部地区 10 个城市，东北地区 1 个城市，西北和西南地区分别有 4 个和 3 个城市，如表 4－3 所示。

表 4-3　城市绿色全要素生产率大于 1 的区域分布

地区	省份	城市
东部地区	北京	
	上海	
	广东	广州、东莞、深圳、梅州、湛江、佛山、清远
	海南	三亚
	浙江	杭州、衢州
	江苏	扬州、无锡、镇江、南京
	河北	沧州、承德
	山东	日照、德州
中部地区	安徽	宿州、池州、铜陵、马鞍山
	山西	阳泉
	湖南	娄底、益阳、长沙
	江西	萍乡
	湖北	黄石
东北地区	黑龙江	黑河
西北地区	内蒙古	包头
	甘肃	陇南、嘉峪关
	陕西	榆林
西南地区	四川	成都、达州
	贵州	贵阳

从图 4-6 至图 4-10 可以看出 ML 生产率指数在五大区域之间的差异。东部地区 ML 生产率指数在波动中上升。中部地区、东北地区和西北地区的 ML 生产率指数基本呈现出倒 W 形的态势，西南地区 ML 生产率指数呈现出倒 S 形的、在波动中下降的趋势。

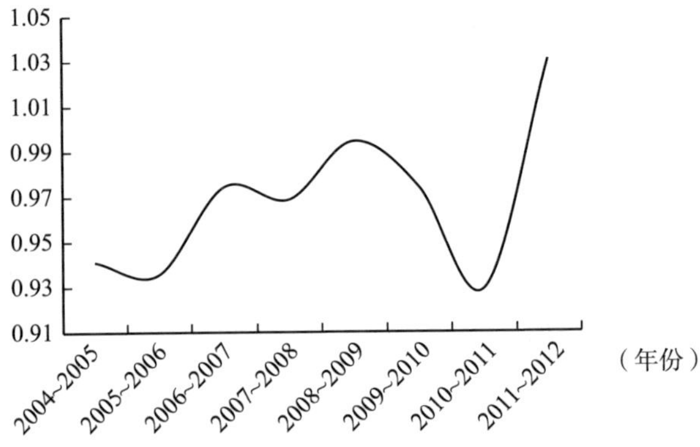

图 4－6　东部地区 ML 生产率指数变动

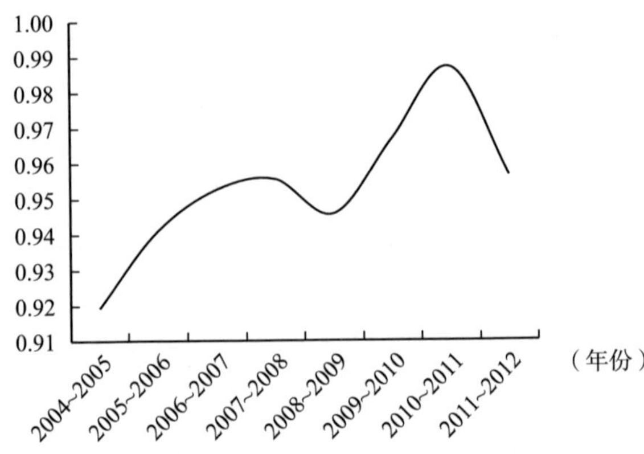

图 4－7　中部地区 ML 生产率指数变动

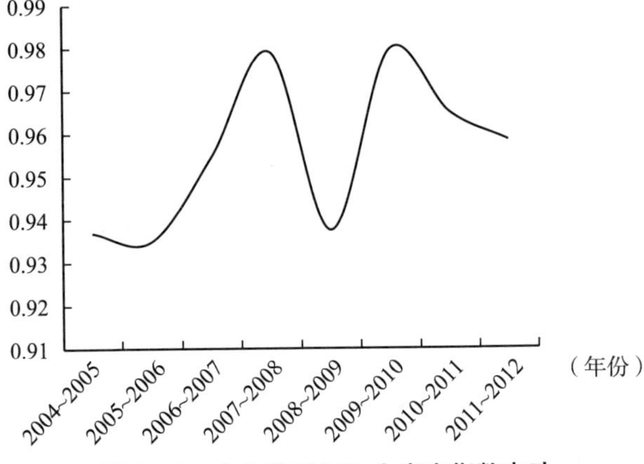

图 4－8　东北地区 ML 生产率指数变动

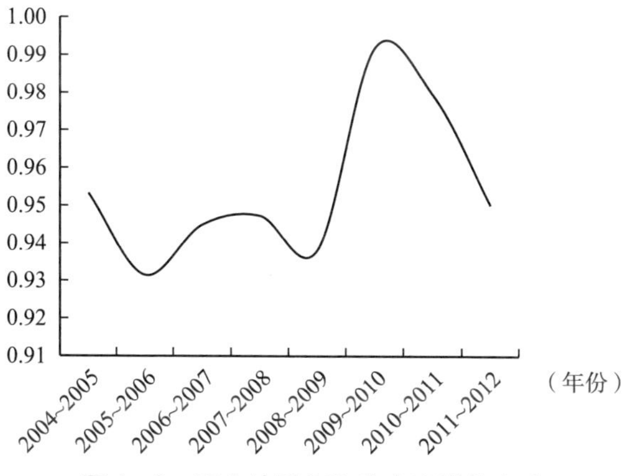

图 4－9　西北地区 ML 生产率指数变动

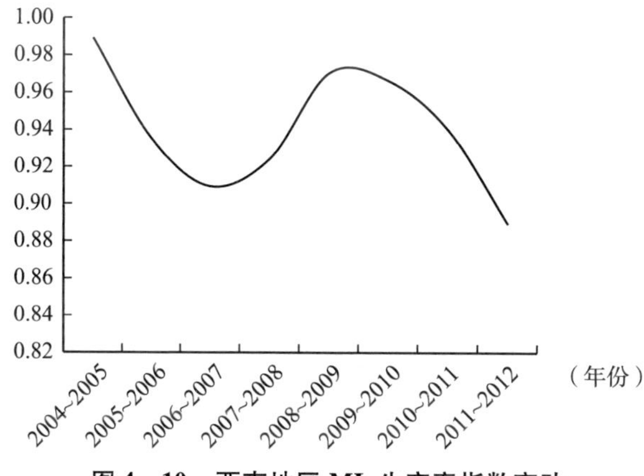

图 4－10　西南地区 ML 生产率指数变动

四、ML 生产率指数的分解

ML 生产率指数可以分解为技术效率变化和技术进步。从图 4－11 可以看出，技术效率和技术进步基本呈现反向变动的关系。技术效率指在技术的稳定使用过程中，技术的生产效能所发挥的程度，用以衡量在现有技术水平下，经济单元获得最大产出的能力。2004～2012 年，技术效率的平均变化是大于 1 的，这说明，城市集聚的整体质量是上升的。从变动趋势上看，技术效率的变化呈现不对称的 W 形变动趋势，2004～2005 年和 2006～2007 年，技术效率的变动大于 1，分别上升了 0.002 和 0.015，2007 年开始，直到 2011 年，技术效率始终小于 1，这说明技术效率的变动是为负的。

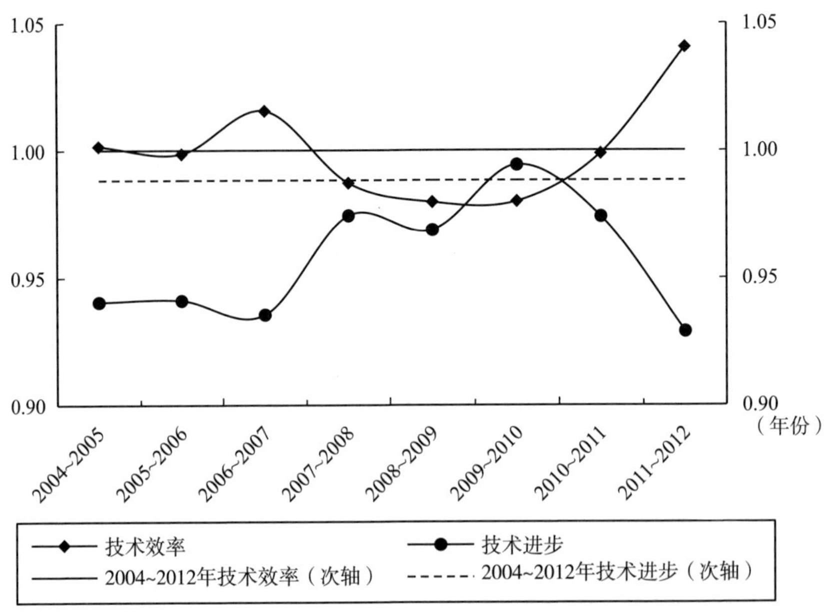

图 4－11　中国城市 ML 生产率指数及其分解

技术进步表明生产可能性边界随时间向外扩张的轨迹。在考察期内，技术进步的变化始终小于 1，这说明 2009～2010 年技术进步已经逼近生产前沿面，2010～2011 年又开始下降，2011～2012 年技术进步为 0. 929，依然出现了技术倒退。ML 生产率指数随效率改进的变动趋势发生改变，因此从一般意义上来说，城市绿色全要素生产率的变化基本是由效率改进主导的。尤其在 2004～2005 年、2006～2007 年、2011～2012 年这三个时期，效率改进已经大于 1，而由于技术改进进步速度较慢，造成 ML 生产率指标的下降。而只有 2009～2010 年的技术改进的速度低于效率改进。

第三节　中国城市集聚规模效率与生产率变动

在对整体城市层面的集聚效率和生产率变动进行考察之后，将城市分为巨型城市（市区常住人口 1000 万人以上）、特大城市（市区常住人口 300 万～1000 万人）、大城市（市区常住人口 100 万～300 万人）、中等城市（市区常住人口 50 万～100 万人）、小城市（市区常住人口 50 万人以下）5 个规模等级，考察不同规模城市的集聚效率和生产率变动情况。

一、城市集聚规模的静态效率

从图 4－12 可以看出，中国城市集聚规模的静态效率呈现出明显的分异。2004～2012 年，巨型城市的静态效率始终为 1.00，均达到了生产前沿。特大城市和中等城市的静态效率分别在 0.90 和 0.78 左右波动，并且变动较为稳定。大城市和小城市的静态效率位于底部，在 0.70～0.75 之间波动。

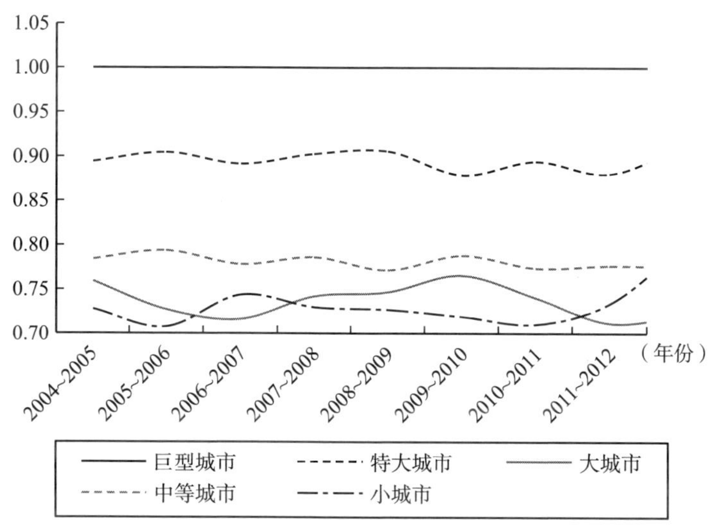

图 4－12　城市集聚规模的静态效率

二、城市集聚规模的生产率变动

图 4－13 展现了不同规模等级城市的 ML 生产率指数的变动。巨型城市的 ML 生产率指数波动较大，基本呈现出每一年正负交替变动趋势，2010 年后，巨型城市 ML 生产率指数每年的变动均大于 1。2005～2006 年巨型城市 ML 生产率指数一度达到 1.09，当年的全要素生产率有了极大提高。特大城市的 ML 生产率指数变动经历了 2004～2008 年逐年上升的变动后，2007～2008 年的 ML 指数达到 1.0182，说明特大城市的绿色全要

素生产率是提高的，但是2008年之后的ML指数又呈现出下降的态势，2010～2011年一度跌落到0.9333，2011～2012年特大城市的ML生产率指数重新上升到1.0148，特大城市的全要素生产率提高。一个有趣的现象是，2005～2010年，中等城市的ML生产率指数与特大城市的变动趋势基本是完全一致的，而2010～2011年和2011～2012年中等城市的ML生产率指数与大城市则是反向变动。大城市的ML生产率指数变动较为平稳，小城市ML生产率指数则呈现逐年上升的趋势，说明小城市的全要素生产率逐年提高。

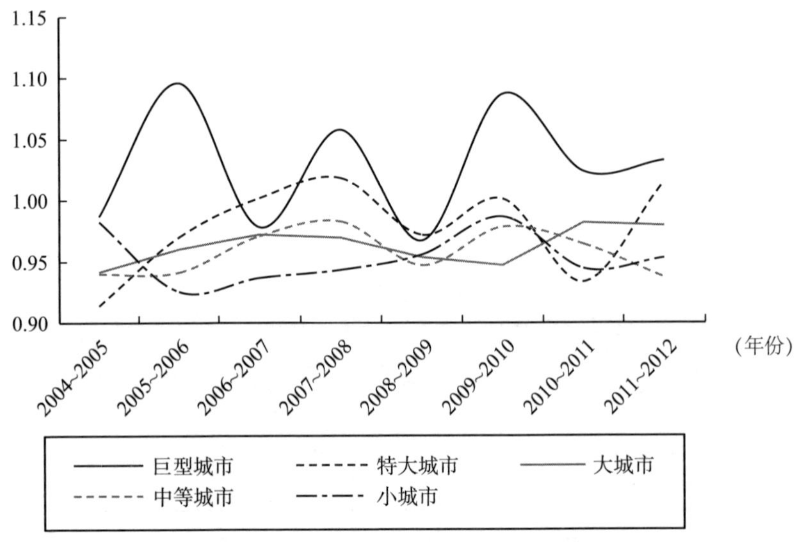

图4－13　城市集聚规模的ML生产率指数

三、城市集聚规模的ML生产率指数分解

对5类规模城市集聚的ML生产率指数进行分解（见图4－14、图4－15）。巨型城市的技术效率均达到生产前沿，因此恒定为1，其ML生产率指数的变动源于技术进步。特大城市技术效率在波动中提高，但是其技术进步的增长在不断下降虽然在2011～2012年的变动中有回升趋势，但依旧小于1。大城市的技术效率变动和技术进步变动完全呈现出相反的态势。中等城市和小城市的技术效率反而高于大城市，尤其是小城市的平均技术效

率变动大于1。从整体来看，技术进步的变动随着城市规模的上升而上升，这说明规模相对较大的城市，集聚有效地促进了技术进步，从而推动城市生产率上升。

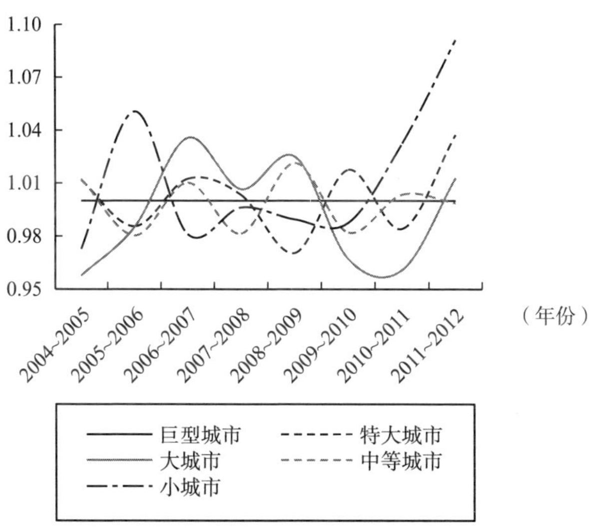

图4－14　城市集聚规模的技术效率变动

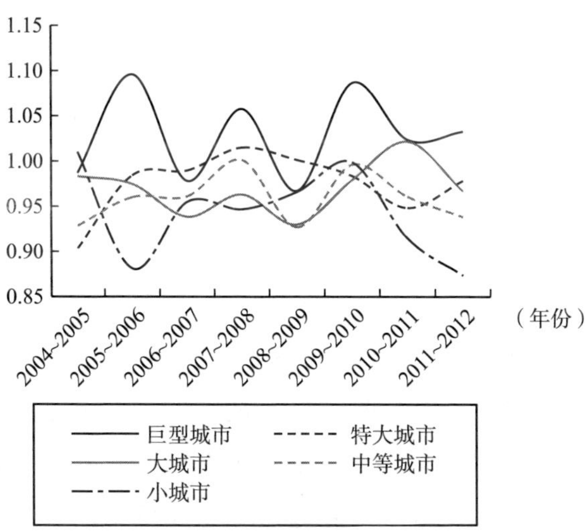

图4－15　城市集聚规模的技术进步变动

第四节 小　　结

本章从静态和动态两个维度对中国285个地级及以上城市进行了城市整体层面和不同规模城市层面的实证研究。通过ML生产率指数，测算了考虑环境约束的城市静态绿色效率和城市动态绿色全要素生产率及其分解，从传统的全要素生产率只考虑期望产出，转向兼顾环境污染非期望产出的综合经济绩效评价指标。结果显示，纳入环境污染这一非期望产出后，中国地级以上城市整体静态效率仅有0.6773；城市ML生产率指标和动态绿色全要素生产率分别为0.9571和0.8001，这说明中国城市绿色全要素生产率出现了一定程度的下降；从时间动态演进上来看，2006年以来，城市ML生产率指标逐步上升，这与全国掀起的环保高潮在时间点上重合，由于中央和地方政府对环保的重视，2007年的工业污水排放、二氧化硫和粉尘排放大幅下降，与此对应的是绿色全要素生产率逐步上升，证明了绿色全要素生产率变动对环境污染的敏感性。

（1）未考虑集聚的环境负效应会夸大技术进步，低估技术效率的恶化程度，资本、劳动力和土地的投入虽然能够加速经济的增长，但是环境污染带来的负效应会导致经济质量的下降，不利于城市可持续发展。

（2）巨型城市不论在静态效率，还是在动态生产率的考察下，均处于绿色技术前沿，技术进步是绿色全要素生产率的主导力量，巨型城市的生产可能性边界是不断向外扩张的。

（3）绝大部分的城市表现出了环境无效率。特大城市略低于绿色技术前沿，其后是中等城市、小城市和大城市。从动态绿色全要素生产率及其分解来看，特大城市、大城市、中等城市、小城市的绿色全要素生产率分别出现了不同程度的倒退。尤其是大城市和小城市，效率改进大于1，表明其效率水平是提高的，但是由于技术进步降低的程度更高，导致其ML生产率指标出现下降。

第五章

集聚正效应对城市效率的影响机制

效率与集聚是相伴相生的，在完全市场下，资源要素会自发向效率高的城市和地区集聚，进而在循环累积作用下不断自我强化，使其效率更高。但是，中国城市效率与城市空间集聚的现状究竟是怎样的关系？空间集聚能否有效促进城市效率的改进？不同规模等级城市的效率有什么差异？能够激发城市最大效率的最优城市规模临界点在哪里？本章将试图回答这些问题。

第一节　集聚正效应与城市效率的关系

一、集聚规模与城市效率显著正相关

至 2012 年，中国城镇体系由 287 个地级市、367 个县级市、1636 个县级镇和 4 万多个建制或非建制镇组成。[①] 其中，在地级以上城市的市辖区中不仅集中了我国非农经济总量的 60%，并且多数城市发挥着经济中心和行政中心的作用，构成中国城市体系的骨架。

集聚规模是城市效率的重要影响因素这一命题已经受到了广泛的实证和检验，从我国城市发展的实际也表现出集聚规模与经济效率正相关关系。用城市人均 GDP 反映城市短期效率，用城市绿色全要素生产率反映

① 民政部. 中国民政事业统计公报 [EB/OL]. http://www.mca.gov.cn/article/sj/tjgb/。

城市长期效率，则图5－1和图5－2分别反映了城市规模与城市短期效率和长期效率的关系。图5－1是市辖区常住人口（取常住人口对数lnp）与城市人均GDP的散点图，图5－2是市辖区常住人口（取常住人口对数lnp）与绿色全要素生产率的散点图，可以看出城市规模与城市短期效率与长期效率均存在显著正相关关系。

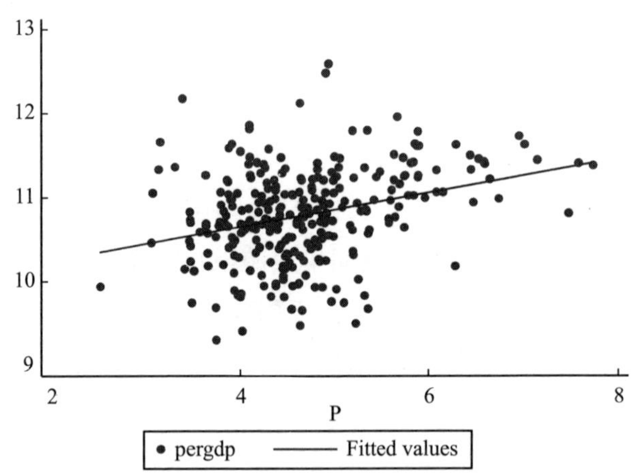

图5－1 城市规模与城市人均GDP拟合曲线

资料来源：根据《城市统计年鉴2013》相关数据整理所得。

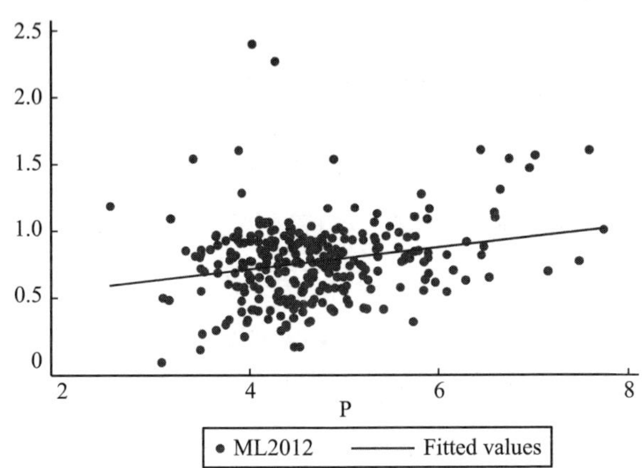

图5－2 城市规模与ML生产率指标拟合曲线

资料来源：根据《城市统计年鉴2013》相关数据整理所得。

二、城市集聚程度的提高提升城市效率

城市集聚程度的提高可以从城市人口规模和城市规模数量两个方面分析。从城市人口规模来看，2004～2012年城市市辖区常住人口不断增加，从2004年的35280.1万人增加到47974.7万人（见图5－3）。不同规模城市常住人口的变动差距较大，从图5－4可以看出，巨型城市、特大城市的常住人口变动与大城市和小城市的变动是相悖的，2010年，巨型城市人口规模增长率达到37.02%，特大城市人口规模增长率达到16.07%；而同一年，大城市的人口增长率为－7.37%，小城市人口增长率为－11.80%，大城市人口增长率的变动趋势与小城市相似度极高，基本表现为同生同降。中等城市人口规模的变动较为平稳，总体来看，2005～2012年中等城市人口规模增长率是下降的。但是，2012年数据表现出来的现象是，巨型城市，即一线城市的集聚力在逐渐减弱，特大城市和大城市的集聚力增长较大，尤其是大城市人口规模的增长率由2011年的5.91%上升到20.55%，说明大城市的发展潜力依然较大。

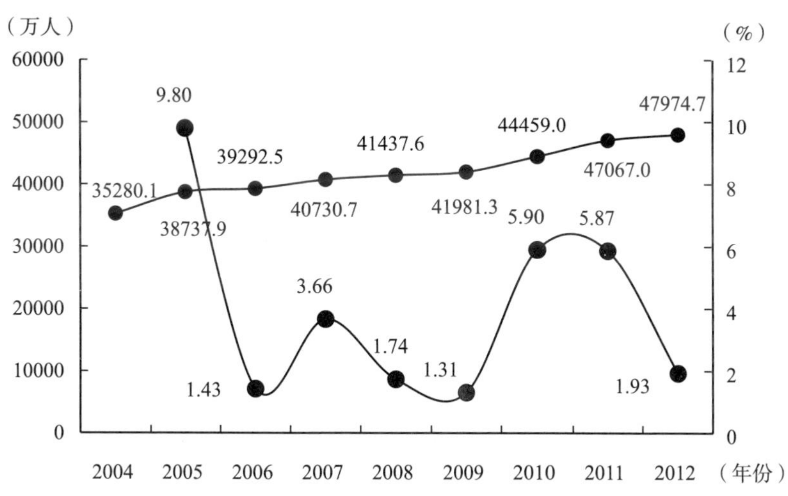

图5－3　2004～2012年中国地级及以上城市市辖区常住人口变化

资料来源：根据2004～2012年的《城市统计年鉴》相关数据整理所得。

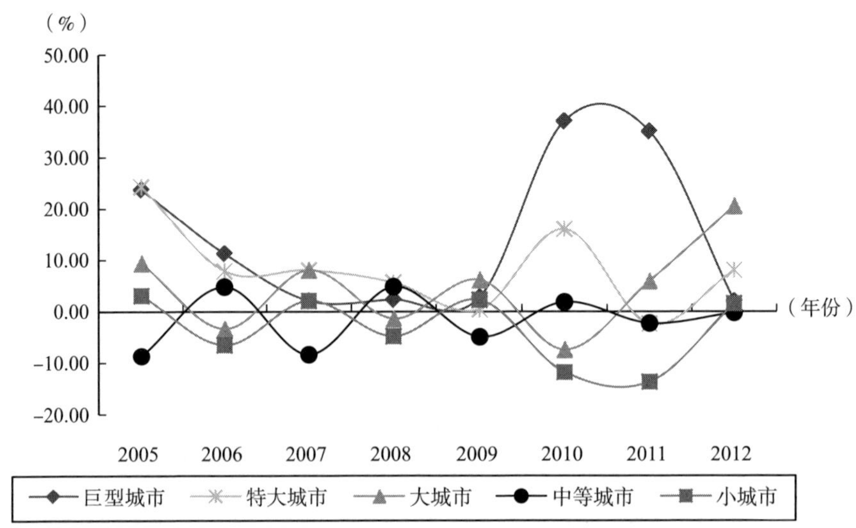

图 5-4　2005~2012 年不同规模城市常住人口增长率变动

资料来源：根据 2004~2012 年的《城市统计年鉴》相关数据整理所得。

从城市规模数量的变动来看，巨型城市、特大城市和大城市的数量在不断增加。巨型城市及特大城市由 2004 年的 17 个，增长为 2012 年的 31 个，其中上海、北京、重庆、天津、广州和深圳 6 个巨型城市人口规模达到 9471 万人，占全国城市人口近 20%（见图 5-5、表 5-1），虽然巨型城市市辖区常住人口增长率有所降低，但是，城市绝对规模依然在扩大。

表 5-1　　2004~2012 年城市规模数量变化　　单位：个

规模	2004 年	2005 年	2006 年	2007 年	2008 年	2009 年	2010 年	2011 年	2012 年
巨型城市	3	3	3	3	3	3	4	6	6
特大城市	14	16	18	21	19	18	25	25	25
大城市	89	97	94	102	100	105	101	107	107
中等城市	116	106	111	102	106	102	104	103	102
小城市	63	63	59	57	57	57	51	44	45

资料来源：根据 2005~2013 年的《中国城市统计年鉴》、2005~2013 年的《中国区域统计年鉴》以及中经网统计数据库相关数据整理所得。

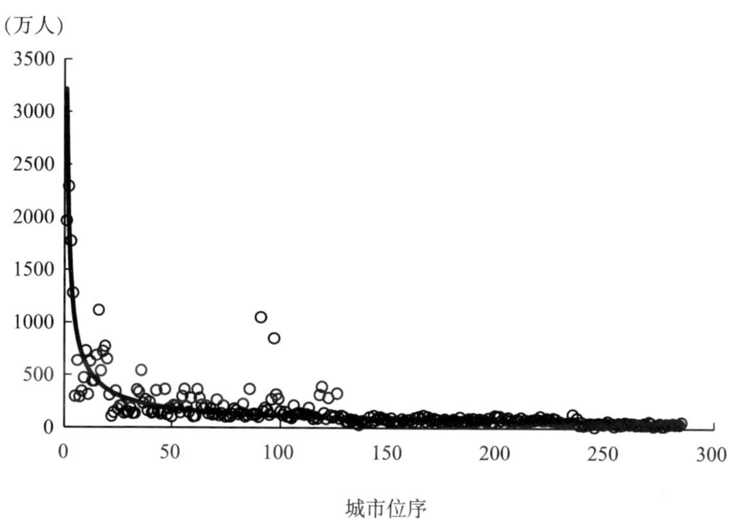

图5-5 城市位序规模

资料来源：根据2004~2012年《城市统计年鉴》相关数据整理所得。

从城市规模等级内部来看，如图5-6所示，2012年巨型城市人口规模较2004年增长了1.79倍，平均增长率为13.7%；特大城市和大城市人口规模在2004~2012年平均增长率分别达到8.22%和4.45%。中等城市和小城市人口规模在2004~2012年平均增长率为-1.73%和-3.66%。虽然在城镇化过程中，中国在相当一段时间内实行严格限制大城市、适当发展中等城市、优先发展小城市的城市方针①，但是大城市的集聚作用使人口、资源要素不断汇集，大城市规模自发地壮大。尤其是2000年以后，人们对以城市群（圈）作为城市发展主体形态的思路逐步达成共识，2004年出版的《中国城市发展报告（2002~2003年）》中明确提出以长三角城市群、珠三角城市群、环渤海城市群三大城市群组团式发展的"三维分布"城市发展战略，进一步推动了大城市的发展。

① 柯善咨，赵曜．产业结构、城市规模与中国城市生产率［J］．经济研究，2014（4）：76-88+115.

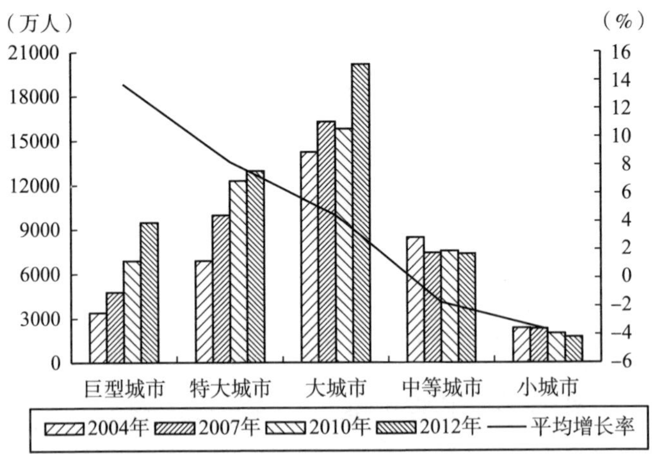

图 5－6　主要年份中国城市规模变动及 2004～2012 年人口规模平均增长率

资料来源：根据 2004～2012 年的《城市统计年鉴》相关数据整理所得。

三、城市空间规模扩大对城市效率提升的作用有限

土地作为现阶段城市发展的重要因素投入，与城市效率的关系密切。图 5－7 对取对数后的市辖区面积与城市绿色全要素生产率进行拟合，城市建成区面积的扩大对绿色全要素生产率的提高具有推动作用，但推动作用有限。

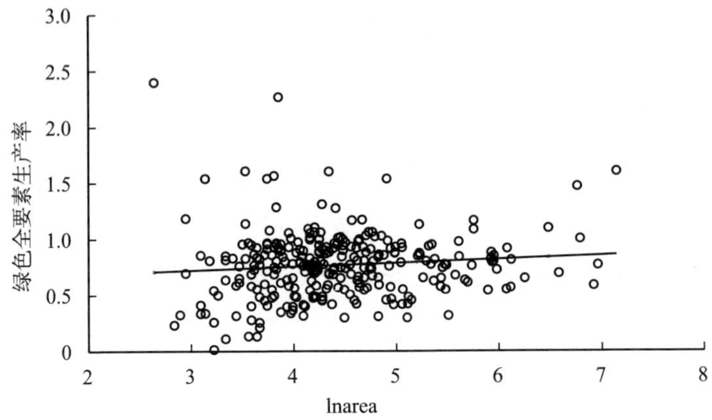

图 5－7　绿色全要素生产率与空间规模拟合曲线

资料来源：根据 2004～2012 年的《城市统计年鉴》相关数据以及本书第 4 章计算数据整理所得。

第二节 模型设定、变量及数据来源

一、模型设定及变量解释

通过上述分析表明，城市集聚受到城市规模和空间集聚的交互作用，本节通过建立动态面板模型，进一步实证城市集聚与经济效率之间相互影响的关系。结合布鲁尔哈特和斯贝加米（Brulhart & Sbergami，2009）的方法建立如下动态面板模型：

$$\ln FTP_{i,t} = a + \rho \ln FTP_{i,t-1} + \beta_1 P_{i,t} + \beta_2 A_{i,t-1} + \delta X_{i,t} + \mu_i + \omega_t + \epsilon_{it}$$

其中，$\ln FTP_{i,t}$代表 t 城市、i 时期的绿色全要素生产率，$\ln FTP_{i,t-1}$为滞后一期的 t 城市、i 时期的绿色全要素生产率。$P_{i,t}$表示城市规模。$A_{i,t-1}$代表城市空间集聚指标，具体包括集聚指数（$agg_{i,t-1}$）、经济密度（$den_{i,t-1}$）和城市相对规模（$as_{i,t-1}$），为了减少内生性对估计结果的影响，在回归中带入这些变量的滞后一期。$X_{i,t}$表示政策、制度等相关因素影响城市集聚和效率的控制变量，以降低遗漏变量而产生的对模型估计的内生性偏误。μ_i 和 ω_t 代表不随城市截面和时间变化的固定效应。

（1）因变量。

将第四章测算出来的城市绿色全要素生产率作为衡量城市效率的指标。

（2）解释变量。

城市规模。本章选取城市市辖区常住人口作为衡量城市规模的指标。由于统计年鉴中没有市辖区常住人口的直接统计数据，而市辖区人均 GDP 是由市辖区 GDP 除以市辖区常住人口得出，因此，由市辖区 GDP/市辖区人均 GDP 得出城市常住人口数量。

经济密度。经济密度可衡量经济活动的集聚程度，经济密度越高，集聚效应越强（沈体雁，劳昕，2013），集聚经济的形成则有赖于集聚规模（Duranton & Puga，2004），度量集聚规模水平的指标是人口密度（Ciccone & Hall，1996），因此，本章选用单位面积市辖区常住人口来表示经济密度（pden）。

集聚指数。集聚指标分为衡量绝对集中和相对集中的指标，区位商等指标表现了绝对集中程度，空间基尼系数、EG 指数等则是衡量相对集中程度。因此，本书使用城市单位面积产值与全国均值的比值衡量城市空间集聚指数，计算公式如下：

$$Agg = \frac{\frac{UrbanGDP_{i,t}}{UrbanArea_{i,t}}}{\sum_{i=1}^{n}\frac{UrbanGDP_{i,t}}{UrbanArea_{i,t}}}$$

由于集聚与效率之间具有循环累积效应，上一期的集聚能够对效率起到推动/制约作用，效率的提高/降低又能够促进/减少集聚。因此，将集聚程度与滞后一期的人均 GDP 的交乘项（agg × lagpergdp）引入计量模型，以检验经济发展的初始状态是否对集聚与效率之间的关系产生影响。

空间集中度。在加速城镇化背景下，城市建成区面积呈现非线性化扩张，但城市行政区域面积相对稳定，本章使用市辖区建成区面积/城市行政面积表示城市相对规模的变动。

（3）控制变量。

人均道路铺装面积（Road）反映城市基础设施建设情况。外资水平（fdi）使用实际利用外资金额与 GDP 比值来反映。人力资本（hc）的指标使用各城市政府的科学和教育财政支出占 GDP 比重。劳均资本（inv）的指标使用城市资本存量与城市非农业从业人员比重，如表 5－2 所示。

表 5－2　　变量及指标说明

	变量	指标	指标计算
被解释变量	城市效率	城市绿色全要素生产率（y）	ML 生产率指数
解释变量	城市规模	人口规模（p）	市辖区 GDP/市辖区人均 GDP
	城市空间集聚	经济密度（pden）	市辖区常住人口/建成区面积
		集聚指数（agg）	$Agg = \frac{\frac{UrbanGDP_{i,t}}{UrbanArea_{i,t}}}{\sum_{i=1}^{n}\frac{UrbanGDP_{i,t}}{UrbanArea_{i,t}}}$
		空间集中度（as）	建成区面积/城市行政区面积

续表

	变量	指标	指标计算
控制变量	城市基础设施建设	人均道路铺装面积（road）	—
	开放程度	外资水平（fdi）	实际利用外商直接投资额/城市 GDP
	人力资本	科学与教育支出（hc）	科学、教育财政支出/城市 GDP
	资本	劳均资本（inv）	城市资本存量/城市非农业从业人员

二、主要指标统计描述

表 5－3 是 2004～2012 年全国 285 个地级及以上城市的主要指标的统计描述。与城市规模相关的指标中，从人口规模来看，市辖区常住人口均值为 149.8161 万人，市辖区常住人口最少的为 12.416 万人，市辖区常住人口最多的是上海市，达到 2292.7 万人。从建成区面积来看，建成区面积最小的为 2004 年东莞市辖区，仅有 5 平方公里，最大的是 2011 年北京市辖区面积达到 1426 平方公里。从集聚程度来看，就业密度的差异也较大，就业密度最小低至 0.336 万人/平方公里，最大高至 13.88 万人/平方公里，平均密度为 0.19 万人/平方公里。从集中度指标来看，集中度最低端为 0.0002，最高的则是东莞市，2004 年集中度达到 52.5934。

表 5－3　　变量统计描述

变量	均值	标准差	最小值	最大值	观测值
y	0.8371552	0.2231372	0.015541	2.39931	2565
p	149.8161	211.7091	12.416	2292.7	2565
pden	0.1906214	0.3365774	0.0002029	13.88454	2565
agg	0.905101	1.715049	0.02961	52.5934	2565
agg × lagpergdp	38637.61	128607.2	98.51923	3883597	2565
as	0.0853542	0.0989938	0.000197	0.971831	2565

续表

变量	均值	标准差	最小值	最大值	观测值
road	9.502685	6.424651	0.02	85.2	2559
fdi	0.0723749	0.0847494	0	0.7138	2565
hc	0.0667861	0.0500303	0.000307	0.519489	2565
inv	1.471137	1.268232	0	45.8563	2565

第三节 实证结果及分析

一、城市集聚与中国城市总体效率关系的检验

在表5-4第（1）列是对城市规模与经济效率关系的系统GMM估计，考虑到人口规模与城市效率的非线性关系，故加入城市规模的二次项，此外，第（1）列未加入空间集聚变量，可以与后面加入空间集聚变量的模型做以对比。从第（1）列的结果可以看出，城市规模与城市经济效率呈现出倒U形关系，城市规模一次项对城市效率的影响为正，系数为0.00261，并在5%的水平上显著，当城市人口增长1万人，城市效率将会提高0.056个百分点。城市规模二次项对城市效率的系数为-0.000000806，城市规模的最优点为1054.59万人。第（2）至（4）列分别是逐步加入空间集聚变量的结果。在加入城市空间集聚因素后，城市最优规模由1054.59万人上升到1443.12万人。下面基于第（4）列展开分析。

表5-4　空间集聚、城市规模与绿色全要素生产率关系的估计结果

项目	（1）lny	（2）lny	（3）lny	（4）lny
y_{t-1}	-0.279*** (-12.21)	-0.269*** (-11.54)	-0.243*** (-10.91)	-0.243*** (-10.91)
p_{it-1}	0.00261*** (12.02)	0.00258*** (11.48)	0.00170*** (7.71)	0.00170*** (7.71)

续表

项目	（1）lny	（2）lny	（3）lny	（4）lny
p_{it-1}^2	-0.000000806*** (-9.37)	-0.000000798*** (-9.18)	-0.000000589*** (-7.03)	-0.000000589*** (-7.03)
$pden_{it-1}$		0.00222 (0.44)	0.0113*** (9.35)	0.0112*** (9.27)
agg_{it-1}			0.256*** (8.59)	0.257*** (8.62)
$pergdp_{it-1}$			-0.000357*** (-7.68)	-0.000356*** (-7.67)
$agg \times lagpergdp_{it-1}$			-0.000146*** (-6.32)	-0.000147*** (-6.35)
as_{it-1}				-0.0249* (-2.23)
road	0.00199 (1.48)	0.00132 (1.00)	0.00502*** (3.87)	0.00499*** (3.85)
lnfdi	-0.000209 (-0.04)	-0.000897 (-0.18)	-0.00284 (-0.63)	-0.00274 (-0.61)
lnhc	-0.0371*** (-3.89)	-0.0211* (-2.19)	0.0297** (2.83)	0.0290** (2.74)
lninv	0.0158 (1.39)	0.0160* (2.43)	0.0193** (2.85)	0.0192** (2.84)
_cons	0.0722* (2.01)	0.255*** (5.96)	0.581*** (10.91)	0.571*** (10.34)
N	2274	2274	2274	2274

首先，在只加入反映城市空间集聚的经济密度变量的情况下，城市经济密度并不显著。继续加入城市集聚指数（agg）后，经济密度指标转为在5%的水平上显著，与城市效率正相关，相关系数为0.0113，意味着经济密度提高1个单位，城市效率将提高1.13%。

其次，城市集聚指数（agg）在5%水平上显著，与城市效率具有正相关关系。为了考察初始时期城市经济发展水平是否对集聚产生影响，加入城市集聚指数与滞后一期城市人均GDP的交乘项，即agg×lagpergdp。从（3）列可以看出，交乘项agg×lagpergdp与城市效率负相关，这说明，虽然集聚本身对经济效率的提高具有积极作用，但是，随着经济发展水平的提高，城市集聚经济对城市效率的提升产生制约作用，集聚不经济将会显现。从第3章的ML生产率指标公式中可以看出，城市效率是由效率改进和技术进步共同推进的，一般而言，随着经济水平的提高，用于技术进步和人力资本提升的基础性投入也会相应提高，因而在较发达城市也会有相对更高等级的技术水平和人力资本，但与此同时，技术的传播和复制会有更大的限制，通过知识溢出、人才流动等集聚方式促进技术传播的渠道会逐步缩窄，因此，集聚对城市效率提高的推动作用逐步减弱。然而在经济发展水平较低的地区，低水平的技术传播和复制依然能够对技术进步产生较大的影响，因而这些城市集聚经济的提升依然能够对城市效率产生积极的推动作用。

再次，城市空间集中度在15%的水平上显著，与城市效率负向相关。这说明城市空间集中度的扩大，将使城市效率降低，市辖区建成区面积占城市行政面积的比重提高1%，城市效率将会降低2.49%。在快速城镇化背景下，一方面，城市“摊大饼”“造城运动”致使城市建成区面积快速扩张，城市外延式发展的粗放型土地利用方式，降低了城市效率的提高。另一方面，工业化快速推进的作用下，“土地招商”成为政府招商引资的重要手段，在土地恶性竞争中，低成本拿地使得工业用地扩张加速，容积率偏低。可以说，近些年中国地级以上城市规模的扩张进入了这样一个怪圈：从城市经济规模角度来说，相对应的城镇化水平偏低，城市人口规模相对较小；但是，从人口规模来说，由于土地扩张过快，集聚经济对于城市优势的积极作用反而降低。

最后，滞后一期的市辖区人均GDP对城市效率的影响在5%的水平显著为负，这说明在控制了其他变量后，经济发展水平较高的城市，城市效率增长反而会变缓，城市经济增长之间存在收敛现象。基础设施建设在

5%的水平显著为正，这说明基础设施的完善能够有效提升城市效率，基础设施建设的完善，提高公用物品供给水平，拓宽知识、技术的溢出渠道，进而提高城市效率。城市人力资本变量和人均城市资本存量均在10%的水平显著为正，说明人力资本的提高能够显著提高城市效率，资本依然是推动城市效率提高的重要因素之一。

二、集聚与城市规模效率关系的检验

不同规模的城市，集聚于城市效率之间的关系也不同。表5－5的第（1）、第（2）、第（4）、第（5）、第（6）列分别汇报了巨型城市、特大城市、大城市、中等城市和小城市的估计结果。按照现行城市规模划分标准，巨型城市仅有6个，考虑到样本量偏小带来的估计偏误，故将巨型城市和特大城市合并进行估计，估计结果间为第（3）列。结果表明，五类城市的城市规模与城市效率之间存在倒U形曲线关系，根据估计结果可以计算出不同规模城市的最优城市规模。根据中国现行的城市规模划分标准，巨型城市中，上海市城市规模基本达到最优城市规模；大城市中有11个城市达到了城市最优规模，分别是石家庄、大连、兰州、淄博、南昌、南宁、惠州、淮安、临沂、扬州和南通，其他各规模等级城市的实际城市规模基本都小于最优城市规模。另一方面来看，现行城市规模划分标准与最优规模也相去甚远，如2014年最新颁布的《国务院关于调整城市规模划分标准的通知》①，将城区常住人口在50万以上100万以下的城镇划为中等城市，远低于中等城市204.27万人的最优城市规模。最优城市规模与实际城市规模，如表5－6所示。

① 以城区常住人口为统计口径，将城市划分为五类七档。城区常住人口50万以下的城市为小城市，其中20万以上50万以下的城市为Ⅰ型小城市，20万以下的城市为Ⅱ型小城市；城区常住人口50万以上100万以下的城市为中等城市；城区常住人口100万以上500万以下的城市为大城市，其中300万以上500万以下的城市为Ⅰ型大城市，100万以上300万以下的城市为Ⅱ型大城市；城区常住人口500万以上1000万以下的城市为特大城市；城区常住人口1000万以上的城市为超大城市。

表 5－5　城市规模等级的空间集聚、城市规模与绿色全要素生产率关系的估计结果

项目	巨型城市 lny (1)	特大城市 lny (2)	巨型及特大城市 lny (3)	大城市 lny (4)	中等城市 lny (5)	小城市 lny (6)
y_{t-1}	-0.347 (-2.03)	-0.282*** (-4.88)	-0.261*** (-4.66)	-0.326*** (-8.35)	-0.314*** (-9.29)	-0.279*** (-6.09)
p_{it-1}	0.000226 (0.46)	0.00170*** (3.58)	0.00117*** (5.46)	0.0120*** (11.56)	0.0134*** (4.21)	0.0460** (3.17)
p_{it-1}^2	-0.0000000492* (2.37)	-0.000000906* (2.11)	-0.000000255*** (3.54)	-0.0000261*** (8.75)	-0.0000328** (2.95)	0.000285** (2.69)
$pden_{it-1}$	0.488* (2.75)	0.147*** (5.34)	0.0542*** (3.49)	0.0362** (3.10)	0.0733*** (3.77)	0.266*** (6.51)
as_{it-1}	-0.00109** (-3.57)	-0.00222 (-1.07)	0.159 (1.12)	-0.107 (-1.11)	0.376* (2.19)	1.587** (2.72)
$aggi_{t-1}$	0.213 (0.71)	0.180*** (3.60)	0.125** (2.93)	0.187** (2.96)	0.280*** (3.31)	1.017*** (9.52)
$pergdp_{it-1}$	-0.010 (-1.58)	-0.045*** (-4.43)	-0.039*** (-4.28)	0.012** (2.18)	-0.057*** (-4.43)	-0.019 (-1.44)
$agg \times lagpergdp_{it-1}$	-0.036 (-1.09)	-0.069 (-1.86)	-0.071* (-2.29)	-0.011** (-2.69)	0.036* (2.27)	0.074*** (7.11)

续表

项目	巨型城市 lny (1)	特大城市 lny (2)	巨型及特大城市 lny (3)	大城市 lny (4)	中等城市 lny (5)	小城市 lny (6)
road	0.0230* (2.66)	0.0185** (2.68)	0.0265** (2.88)	0.00489* (2.10)	0.00847*** (4.51)	0.0178*** (3.68)
lnfdi	-1.401 (-1.84)	0.678** (2.90)	0.438* (2.09)	0.218 (1.62)	-0.0806 (-0.62)	-0.0603 (-0.34)
lnhc	1.266 (0.68)	2.517*** (4.19)	2.356*** (4.18)	0.102 (0.51)	0.400 (1.93)	-0.370 (-1.46)
lninv	0.238* (2.40)	0.0403 (1.26)	0.0322 (1.05)	0.0159 (1.03)	0.00325 (0.79)	-0.00888 (-1.01)
_cons	0.990* (2.29)	0.675*** (5.24)	0.620*** (6.80)	1.176*** (12.56)	0.940*** (6.79)	1.294*** (4.49)
N	47	224	271	830	816	360

注：括号中为t值。***代表在1%水平上显著，**代表在5%水平上显著，*代表在10%水平上显著。

表 5-6　最优城市规模与实际城市规模　单位：万人

项目	巨型城市	特大城市	大城市	中等城市	小城市
实际城市规模	1578.577	462.8816	193.9474	71.92206	38.41585
最优城市规模	2296.748	938.1898	229.8851	204.2683	80.70175

从城市的经济密度来看，经济密度与城市效率为正相关。不同规模城市经济密度对城市效率的影响相差较大，从图 5-8 可以很直观地看出，经济密度对城市效率的影响与城市规模呈 U 形曲线，巨型城市经济密度对城市效率的影响达到 0.488，特大城市经济密度对城市效率的影响下降到 0.147，大城市经济密度对城市效率的影响最低，仅为 0.0542，中等城市经济密度对城市效率的影响上升到 0.0733，小城市经济密度对城市效率的影响上升到 0.266。

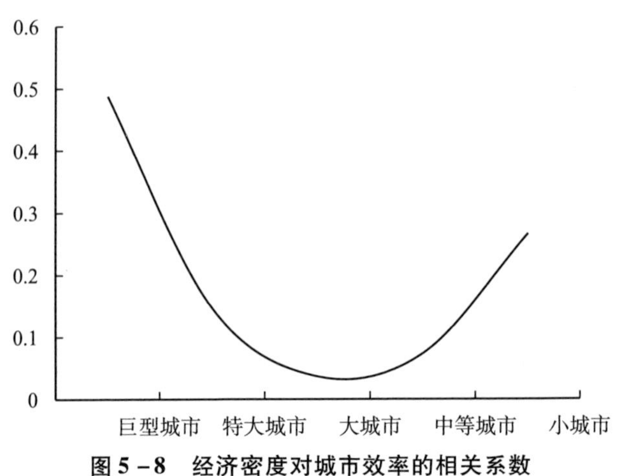

图 5-8　经济密度对城市效率的相关系数

从城市空间集中度来看，城市空间集中度和城市效率的相关性，与空间集聚指数和滞后一期人均 GDP 交乘项都基本一致，巨型城市、特大城市和大城市呈现显著的负相关关系，而中小城市则呈现显著的正相关，尤其是小城市的相关系数达到 1.587。有一个现实是，小城市建成区面积普遍偏小，远小于巨型城市和特大城市的建成区，可视为土地利用相对更有效率，在现阶段的发展情况下，中小城市建成区面积的扩大，依然能够有效促进城市效率的提高。

不同规模城市集聚指数对城市效率的影响均显著为正，这说明现阶段，中国各城市的经济活动的集聚所带来的本地市场效应大于拥挤效应，经济活动的向心力依然大于离心力，因空间集聚过度而由集聚经济向集聚不经济转换的阶段还未到来。最明显的是小城市空间集聚指数对城市效率的影响达到1.017，远高于其他高等级规模城市。这表明，在城镇化过程中，需要进一步挖掘小城市的发展潜力，推动产业和人口向小城市集聚，使其突破城市规模门槛，实现集聚经济对城市效率提升的推动作用。进一步考虑经济发展水平对城市集聚影响的交互作用可以发现，巨型城市、特大城市和大城市空间集聚指数和滞后一期人均 GDP 的交乘项与城市效率的相关系数显著为负，而中等城市和小城市空间集聚指数和滞后一期人均 GDP 的交乘项与城市效率的相关系数则显著为正。这说明，大城市及以上规模城市经济增长收敛效应对城市集聚效应的发挥产生了抵消作用，大城市相对完善的设施共享机制在一定程度上使集聚效率得到了提升，但另一方面却抑制了技术在空间内部的共享。但是在中小城市，情况则恰恰相反，虽然基础设施等共享机制不够完善，使集聚效率有所损失，但集聚却有利于技术在空间内的共享和传播，因此是有利于中小城市城市效率提高的。

第六章

集聚负效应对城市效率的影响机制

城市集聚是集聚力与分散力之和，集聚力源于集聚所带来的收益，分散力则源于集聚所带来的成本。因此在考察城市集聚经济时，并非单纯讨论城市集聚收益，而是城市集聚收益和成本之差，即净收益。城市集聚成本来源于不可流动要素、地租和通勤、拥挤和其他纯外部不经济。不可流动要素在全球化日益完善的今天，其作用是十分有限的。拥挤效应和其他纯外部不经济，如环境污染，造成的城市集聚成本上升已经开始显现。本章试图通过对城市集聚成本与城市效率之间关系的研究，解释中国城市层面城市集聚成本情况，观察城市集聚成本是否在逐渐增加，集聚成本在多大程度上能够被可知。此外，如果城市集聚造成城市效率的下降，政府的着眼点不应仅仅在提高城市集聚效益，更应从降低集聚成本入手。

第一节　聚集负效应与城市效率的关系

经济活动在城市的集聚，带来了城市的发展与繁荣。集聚是向心力与离心力之和，向心力体现为集聚的收益，有许多学者采用各国数据对集聚经济的存在、集聚经济对城市增长的作用、城市集聚与劳动生产率之间的关系等进行了实证研究（Aberg，Sveikauskas，Glaeser，Ciccone & Hall），大部分的研究表明，在一定城市规模内，集聚经济是城市绿色全要素生产率提高的来源。然而，集聚并非没有成本，离心力则是集聚成本的体现。拥挤、社会问题、环境污染、生态破坏等城市发展中出现的集聚成本。阿隆索最早提出了城市的成本—收益模型，认为随着城市规模扩大，城市边际收益会越来越小，而边际成本越来越大，两条曲线的交点确定了城市的最优规模（刘爱梅，2014）。亨德森（1974，1986）在构建城市规模模型中，进一步强调了城市存在着最优规模，要素规模收益会随城市规模的扩大而增加，然而城市规模的不断扩大会使城市生活成本和通勤成本的上升与规模效应的上升相抵消，这时集聚效应会向拥挤效应转变；通过对20世纪70年代美国和巴西的实证研究得出，产业集聚是规模经济外部性的主要来源，这种外部性会随着城市规模的不断扩大而衰弱，这一结论揭示了规模经济具有有限性的本质。卡恩通过研究美国城市污染、通勤时间和犯罪的人口弹性是如何随时间和空间而变化的，为城市集聚提供了新的证据，该研究认为通勤时间与人口弹性关联性相对较小并且较为稳定，大城市的环境污染与暴力犯罪则随时间快速下降。

集聚过度带来的成本上升将导致效率损失的判断已经得到了充分证明，但是只要集聚带来的收益大于集聚成本的上升，城市集聚就是有利可图的。在现有的研究中，关于集聚成本是否已经阻碍了城市经济效率的上升存在争论，并且关于集聚成本对城市经济效率影响的观点相异。不少学者认为，集聚规模越大，拥挤效应越明显，集聚成本越高，城市集聚经济净效益越低。柯善咨和姚德龙（2008）对地级及以上城市的工业集聚和劳动生产率进行了截面分析，工业集聚的多变量估计表明我国城市就业的空间密度过高。周圣强和朱卫平（2013）认为中国城市绿色全要素生产率下降的主要原因是城市要素过度集中，如由于人口过度集中而导致的交通拥挤、通勤成本上升等，集聚的边际成本上升、边际收益不断下降。林（2011）等指出高度城镇化而产生的拥挤、过度竞争等效应，对城市绿色全要素生产率的上升具有副作用。而王桂新（2011）、陈哲（2012）则认为经济高度集聚下的大城镇化并不必然降低城市集聚经济净效益，城市结构不合理、城市建设与规划的盲目性、政府过度干预、资源分配失衡等是造成城市集聚成本提高更为主要的原因。陆铭等（2012，2013）则认为，城市的扩张并非城市集聚成本提高的根本原因，更不能因为集聚产生的不经济性而否定大城市的作用，城市集聚、人口集中反而是降低集聚成本的重要途径，与国际相比，中国现在的人口集聚水平不是太高，而是太低。

一、集聚经济、集聚成本与城市效率作用机制

城市是人口、要素和非农产业的聚集地，也是人类经济社会活动的重要空间载体。[①] 聚集经济所形成的向心力使各种生产要素在空间上累积循环，不断向核心地区集中，是城市经济发展重要源泉。聚集经济提升了城市经济效率，推动城市经济不断发展。一方面，产业、劳动力向城市的不断聚集，带来了资本、技术、资源、能源在城市空间的迅速集中；另一方面城市面积不断扩大，城市居民由于通勤距离增加而提升了对机动车的需求，近年来我国汽车保有量增长迅速，尤其是后发地区汽车增速快，私人汽车需求量持续上升。但由于公共基础设施和公共服务滞后于城市经济发展，导致大量涌入城市的劳动力、急剧增长的资源能源需求超过城市现有承载力，城市聚集经济带来规模效应转向拥挤效应，对城市经济效率的负外部性显现，人口膨胀、交通拥挤、环境污染成为“集聚成本”的主要构成，并在循环累积作用下，极大抑制了城市经济效率的提升（见图6-1）。

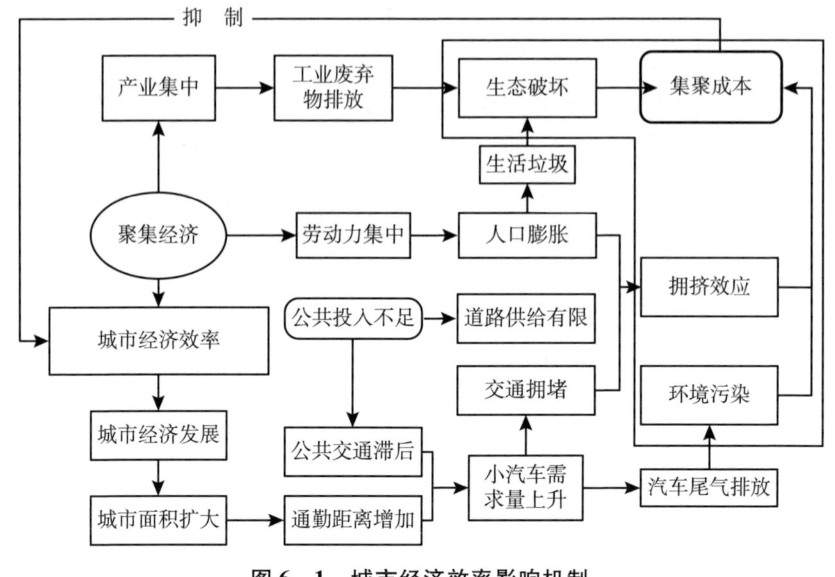

图6-1　城市经济效率影响机制

① 魏后凯．中国城镇化进程中两极化倾向与规模格局重构［J］．中国工业经济，2014（3）：18-30.

二、城市集聚的事实描述

（一）人口膨胀

在快速城镇化的作用下，我国城镇人口以每年2000万左右的速度递增。2012年，城镇人口7.12亿人，占总人口比重为52.6%，比上年末提高1.3个百分点。从城市人口密度来看，城市人口向省会城市和东部沿海城市聚集的特征明显，大城市与中等城市人口密度较高，小城市人口密度相对较低。城镇人口迅速集聚。2012年，全国流动人口[①]达2.36亿人；全国农民工总量为2.62亿人，比上年增长3.9%。其中，外出农民工1.63亿人，增长3.0%；本地9925万人，增长5.4%。[②] 农民工的流动特征，一方面，表现为规模大，流速高；另一方面，则是流向和流出地过度集中，主要集中在东南沿海和大中城市。大城市人口的集聚速度快、密度高，尤其以北京、上海、广州、深圳等特大城市更为显著。

（二）交通拥堵

城市人口的集聚和小汽车的迅速增长，使中国城市交通拥堵状况日益严峻。从图6-2可以看出，自从2005年以来，四个一线城市常住人口千人汽车保有量增加较快，年均增速达到10%以上，北京、深圳分别于2007年和2009年突破100辆/千人。但是，各城市人均道路铺装面积却呈现缩小的趋势，北京与上海两市的减少最为突出，从2005年的14.61平方米/人和16.23平方米/人减少到2011年的7.59平方米/人和7.36平方米/人。道路铺装面积在一定程度上反映了城市基础设施的水平。汽车保有量不断上升与城市基础设施水平相对滞后这一矛盾导致城市交通拥堵现象日益严重，不仅提升了居民通勤的时间和金钱成本，还增加了汽车尾气排放。2012年，全国机动车保有量达到2.24亿辆，其中汽车占48.4%；全国机动车排放污染物4612.1万吨，汽车是污染物

---

① 流动人口是指人户分离人口中不包括市辖区内人户分离的人口。市辖区内人户分离的人口是指一个直辖市或地级市所辖区内和区与区之间，居住地和户口登记地不在同一乡镇街道的人口。

② 中华人民共和国国家统计局．中华人民共和国2012年国民经济和社会发展统计公报[EB/OL]. http://www.stats.gov.cn/tjsj/tjgb/ndtjgb/qgndtjgb/201302/t2013022/_30027.html.

总量的主要来源。①

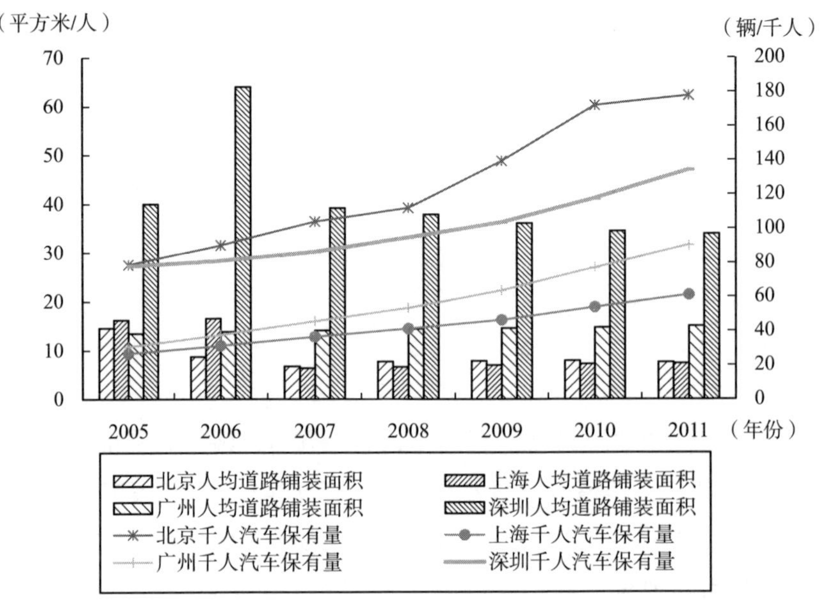

图 6－2 “一线城市”常住人口千人汽车保有量及人均道路铺装面积

资料来源：根据 2006～2012 年的《中国城市统计年鉴》相关数据整理所得。

（三）环境污染

在城市发展中，城市产业、投资项目的快速增加，一方面促进了城市经济发展和加速了城镇化进程，另一方面造成了资源能源过度利用下的大气污染、水体污染、固体废弃物等城市环境污染加剧的局面。在城市经济快速发展中，带来的城市环境污染程度的不断加深，已经成为城市扩大可持续发展空间的主要制约因素之一。按照《环境空气质量标准》（GB 3095－2012），2013 年对 74 个城市实施第一阶段新空气质量标准。从 2013 年 11 月到 2014 年 3 月的监测情况来看（见表 6－1），只有 2014 年 2 月的 74 个城市日空气质量级别为优的比重达到 18.0%，其他 4 个月份城市日空气质量级别为优的比重不足 10.0%。超标天数中以 PM2.5 为首

① 中华人民共和国环境保护部．2013 中国机动车污染防治年报［EB/OL］．htpp：//www.mee.gov.cn/gkml/sthjbgw/qt/201401/wQ020140126591490573172.pdf.

要污染物的天数最多，占超标天数高达92.0%（2014年1月）；其次是PM10，占超标天数最高达到22.2%（2013年11月）。

表6－1　2013年11月至2014年3月74城市日空气质量级别分布　单位：%

环境质量	2013年11月	2013年12月	2014年1月	2014年2月	2014年3月
优	5.2	4.2	2.9	18.0	7.5
良	47.1	24.9	34.7	42.3	54.8
轻度污染	29.1	30.5	26.8	20.3	24.5
中度污染	10.5	15.9	14.4	7.2	7.4
重度污染	6.6	15.6	16.2	8.3	5.0
严重污染	1.5	8.9	5.0	3.9	0.8
PM2.5为首要污染物的天数	73.4	89.9	92.0	91.8	75.8
PM10为首要污染物的天数	22.2	8.3	6.0	5.8	21.6

资料来源：中国环境监测总站2013年11月～2014年3月74个城市空气质量状况报告。

2014年1月1日起，全国实时发布空气质量信息的城市由74个增至190个（其中含161个地级及以上城市），表6－2为2014年3月份中国空气质量指数监测情况，190个城市中，空气质量达到优级21天以上的城市只有三亚和海口两个城市，空气质量达到优级16天以上的城市，则增加了湛江、茂名和云浮三个城市；未达到过优级的城市有119个，占比62.63%。但是，根据世界卫生组织标准PM2.5年均值低于10μg/m^{3}为安全值，中国目前尚未有城市达标。

表6－2　2014年3月190个城市空气质量达标天数分布　单位：个

环境质量	0天	1～5天	6～10天	11～15天	16～20天	21～25天	26～31天
优	119	51	11	4	3	1	1
良以上	0	10	22	24	45	46	43

资料来源：PM2.5数据网，2014年3月中国空气质量指数监测城市排行榜。

第二节　模型设定与数据说明

一、模型设定

斯科尼（1996，2002）所构建的关于城市经济密度的城市劳动生产率的模型因为严密的理论基础和实证应用性强而得到普遍认同，该模型认为集聚经济的外部性来自经济活动的密度，其基本模型如下：

$$q_i = \theta_i[(Emp_iH_i)^{\beta}k_i^{1-\beta}]^{\alpha}(Q_i/A_i)^{(\lambda-1)/\lambda} \tag{6.1}$$

式（6.1）中，q_i 是城市 i 的产出密度，θ_i 为城市 i 的全要素生产率，Emp_i 为城市 i 的就业密度，H_i 为城市 i 的人力资本水平，k_i 为城市 i 的物质资本投入密度。α 是产出密度与就业密度的规模报酬，当 $0<\alpha\leqslant1$ 时，则资本与劳动力边际生产率递减，意味着城市 i 已产生“拥挤效应”。β 是资本与劳动力的贡献率，$0<\beta\leqslant1$。Q_i 是城市 i 的总产出，A_i 是该城市的总面积，Q_i/A_i 是城市 i 的空间产出密度，测度集聚经济。λ 是空间产出密度的参数，当 $\lambda>1$ 时，集聚经济表现出正的外部性，集聚有利于城市效率的提高。

产出密度是模型中测量集聚经济的唯一变量，而未考虑集聚经济对集聚规模的测度。因此我们在式（6.1）的基础上引入工业集聚指数 Sca_i，是某个城市工业产值在全国工业部门产值中所占比重。Ind_i 是某城市工业占全市经济产出的比重，Ind_iQ_i/A_i 为某城市工业产出的空间密度。式（6.1）可变换为：

$$q_i = \theta_i[(Emp_iH_i)^{\beta}k_i^{1-\beta}]^{\alpha}(Sca_i^{\gamma}Ind_iQ_i/A_i)^{(\lambda-1)/\lambda} \tag{6.2}$$

γ 为未知参数。式（6.2）乘以城市面积 A_i，得总产出为：

$$q_i \cdot A_i = A_i\theta_i[(E_iH_i/A_i)^{\beta}(K_i/A_i)^{1-\beta}]^{\alpha}(Sca_i^{\gamma}Ind_iQ_i/A_i)^{(\lambda-1)/\lambda} \tag{6.3}$$

E_i 是城市非农业总就业人数，H_i 为当地平均人力资本水平，k_i 是该城市资本投入。对式（6.3）变换可得以下非农业劳动生产率函数：

$$Q_i/E_i = \theta_i^{\lambda}[H_i^{\beta}(K_i/E_i)^{1-\beta}]^{\alpha\lambda}(E_i/A_i)^{\alpha\lambda-1}Sca_i^{\gamma(\lambda-1)}Ind_i^{\lambda-1} \tag{6.4}$$

令劳动生产率为 $y_i=Q_i/E_i$，人均资本 $k_i=K_i/E_i$，$\beta_{14}=\alpha\lambda\beta$，$\beta_{25}=\alpha\lambda(1-\beta)$，$\beta_1=\alpha\lambda-1$，$\beta_2=\gamma(\lambda-1)$，$\beta_3=\lambda-1$，则对式（6.4）简化后取对数得到：

$$\ln y_i=a+\lambda\ln\theta_i+\beta_1\ln Emp_i+\beta_2\ln Sca_i+\beta_3\ln Ind_i+\beta_4\ln H_i+\beta_5\ln k_i \tag{6.5}$$

式（6.5）作为本书的基本模型，在一定程度上度量了集聚经济对城市经济效率的影响，要识别集聚成本对城市经济效率的影响，需要将集聚成本（C_{it}）纳入模型。此外，为了控制其他变量，在模型中引入控制变量 X_{it}，包括城市基础设施（Inf）、外商直接投资（FDI），以 δ 作为控制变量的系数，根据式（6.5）基本模型和面板数据模型的要求，本书最终的计量型为：

$$\ln y_{it}=a+\beta_1\ln Emp_{it}+\beta_2\ln Sca_i+\beta_3\ln Ind_i+\beta_4\ln H_{it}+\beta_5\ln k_i+\beta_6\ln C_{it}+\delta X_{it}+\epsilon_{it} \tag{6.6}$$

二、数据来源与变量说明

（1）内生变量。

城市集聚的效率（y_{it}）：采用第 4 章中计算得到的纳入环境污染的非期望产出的城市绿色全要素生产率。

集聚负效应源于集聚成本，环境污染和拥堵效应是城市集聚成本的重要构成。由于在第 4 章对城市绿色全要素生产率的计算中已经将环境污染造成的集聚成本刨除，因此本章集聚负效应的考察集中于拥堵效应，使用千人汽车保有量（Car）和就业密度作为拥堵效应的代理变量。城市增长使其越来越向外部扩散，小汽车降低运输成本的功能使其广泛使用，但同时带来了拥挤，因为小汽车比步行者多使用50 倍的空间（Glaeser & Kaln，2003）。此外，城市向外扩张带来的农地或林地的侵占，以及小汽车密集使用而增加的尾气排放，带来了城市生态破坏和环境污染。因此，本书试图通过经验证据研究拥挤对城市经济效率的影响。本书采用千人汽车保有量（Car）作为度量拥挤的代理变量。就业密度（Emp_{it}）：采用市辖区单位面积就业人数，计算公式为第二、第三产业就业人口/市辖区面积（曹广忠和百晓，2010）。

（2）控制变量。

为了考察集聚负效应对城市效率的影响，需要控制住集聚正效应的影响。经济密度和集聚规模是城市集聚正效应的两要素。经济密度是衡量集聚程度的重要指标，经济密度越高，集聚程度越高（沈体雁和劳昕，2013），经济密度（Den_{it}）：采用城市第二、第三产业增加值/市辖区面积（林坚，2008）。集聚指数 Sca_{it} 和工业比重 Ind_{it} 作为城市集聚规模的指标。集聚指数（Sca_{it}）：采用市辖区工业增加值/全国工业增加值，工业占全市经济比重（Ind_{it}）：采用市辖区工业增加值/全市地区生产总值，因为在可获取的统计资料中只有市辖区第二产业增加值的统计数据，工业增加值占第二产业增加值份额能够达到90%左右，因此这里采用第二产业增加值替代工业增加值。城市经济集聚程度越高，企业之间的交流也越容易，企业能够更加受益于知识外溢。

城市基础设施（Inf）：采用人均道路铺装面积作为代理变量（张可和汪东芳，2014），基础设施是经济活动能够高效运行的保障，尤其道路交通设施的完善程度直接影响了城市运行效率和城市综合承载能力，因此，可以预期城市基础设施水平的提高可以带来城市经济效率的提升。

外商直接投资（FDI）：采用人均实际外商直接投资额，外商直接投资不仅能增加一个城市的资本投入，而且能够通过知识外溢、技术转移等效应提升一个城市经济效率。

三、内生性问题处理

该模型面临的主要问题是城市的生产率可能和经济密度存在内生性。即在实际经济活动中，并非由经济密度的提高带来了生产率的提高，而是生产率的提高吸引更多的劳动力和资本流入该地区，从而带动了经济密度提升。因此，需要采用工具变量法对模型进行估计，以控制模型的内生性问题。从已有的研究来看，选取的工具变量主要有两类：一是采用各地区的辖区面积作为经济密度的工具变量（Ciccone，2000，2002），二是采用经济密度的滞后期作为当期的工具变量（Henderson，2005；陈良文等，2008）。这两种方法各有合理之处，本书分别采用两种方法作为工具变量对模型进行估计，然后再将这两个工具变量放入同一模型进行估计。

第三节　实证结果及分析

一、基本分析

面板数据具有截面和时序特征，对其估计包括固定效应和随机效应两种估计方法，本书采用的数据，截面的样本比较大，通过豪斯曼检验，在5%的水平上显著，因此选用固定效应模型。表6－3第（1）列是对全国285个城市进行直接估计的结果。表6－3第（2）至第（4）列是将市辖区面积和经济密度的一阶滞后项作为经济密度的工具变量取得的估计结果。虽然与OLS估计下的系数差别不大，但是能够获得更高的显著性。从结果可以看出，集聚经济指数Sca和工业集聚密度Ind的相关系数较高，这说明城市绿色全要素生产率的提高依赖于城市集聚程度的提升。这表明集聚经济是提升城市经济效益的重要方面，也说明在集聚经济内部，提高城市经济密度和单位国土面积利用效率是提升城市经济效益的根本途径。私人汽车千人保有量对城市绿色全要素生产率的提升有正向作用，千人汽车保有量提高1%，城市绿色全要素生产率将上升0.002%。基础设施对城市绿色全要素生产率的影响与预期一样，基础设施水平提高1%，能够带动城市绿色全要素生产率提高0.01%。

城市就业密度与城市绿色全要素生产率之间存在显著的负相关关系。非农产业就业密度的回归系数为－0.0734，非农产业就业密度上升1%，反而带来城市绿色全要素生产率下降0.0734%。

表6－3　　OLS与Ⅳ回归结果

变量	(1) OLS	(2) Ⅳ－L. d den	(3) Ⅳ－squ	(4) Ⅳ－L. d den squ
Car	0.0020*** (4.04)	－0.0058** (－2.65)	－0.0029*** (－5.50)	－0.0024*** (－4.29)

续表

变量	(1) OLS	(2) Ⅳ - L. d den	(3) Ⅳ - squ	(4) Ⅳ - L. d den squ
Emp	-0.0734 *** (-50.84)	-0.1320 *** (-10.88)	-0.0651 *** (-35.60)	-0.0737 *** (-42.01)
Sca	0.2180 *** (4.93)	-0.3420 *** (-3.31)	0.3470 *** (7.04)	0.3070 *** (5.45)
Ind	0.129 (1.71)	0.0143 (0.16)	0.0712 (0.89)	0.0968 ** (3.11)
H	0.0017 *** (9.55)	-0.0058 (-0.84)	0.0021 *** (10.81)	0.0016 *** (7.67)
k	0.0014 *** (10.30)	-0.0027 *** (-10.54)	0.0011 *** (10.61)	0.0015 *** (10.46)
Den	0.5174 *** (32.41)	2.1965 *** (6.50)	0.3001 *** (9.49)	0.4740 *** (16.57)
Inf	0.0111 ** (8.90)	0.0250 *** (3.56)	0.0265 *** (3.56)	0.0292 *** (4.12)
FDI	-0.00426 (-0.11)	-0.00637 (-0.52)	-0.00330 (-0.01)	-0.00216 (-0.00)
_cons	6.5660 *** (18.99)	-16.4600 *** (-3.42)	9.4390 *** (18.55)	7.5880 *** (14.57)
N	1995	1710	1995	1710

注：括号中为 t 值。*** 代表在 1% 水平上显著，** 代表在 5% 水平上显著。

第一，千人汽车保有量的增加和就业密度对城市绿色全要素生产率的影响为负。城市绿色全要素生产率对千人汽车保有量的弹性系数为 -0.0024，千人汽车保有量增加 1 辆，城市绿色全要素生产率能够降低 1%。对于我国城市整体发展水平来说，私人汽车对劳动者的效用依然为正，这一结果一方面说明了汽车在城市发展中的重要性，私车能够减少劳动者的通勤时间，提高通勤的便利性；另一方面也反映出城市基础设施有待完善，城市公共交通设施不够完善，对城市劳动者通勤造成一定的困扰，需要通过私家车的普及来弥补。城市绿色全要素生产率对就业密度的弹性系数为 -0.0737，市辖区就业密度上升 1%，即每平方公里就业人数增加 1 万人，城市绿色全要素生产率的下降幅度超过 0.07%。就业密度系数显著为负说明市辖区产业与就业的集聚已经由正外部性向负外部性转变，产业在市辖区集中布局，吸引了大量就业人口的集聚，城市拥挤效应显现，并造成了城市经济效率的损失。

第二，基础设施水平的提升能够促进城市绿色全要素生产率的提高。城市绿色全要素生产率对基础设施的弹性系数为 0.0292，并且在 1% 的水平上显著，说明基础设施水平的上升能够带动城市绿色全要素生产率的提高，基础设施的完善能够在一定程度上缓解集聚产生的负外部性，扩容城市的承载能力，从另一个角度看，基础设施建设能够扩大就业、带动经济发展，其本身就是促进城市经济发展和提高城市绿色全要素生产率的动力。

第三，经济密度与集聚程度与城市绿色全要素生产率的关系为正相关。城市绿色全要素生产率对经济密度与工业集聚指数的弹性分别为 0.474 和 0.307，并且在使用工具变量后，工业空间产出密度的回归结果变为显著，弹性系数为 0.0968。说明城市的工业发展不断向高级产业演进，工业集聚指数和城市工业集聚规模的扩大能够带来城市绿色全要素生产率的上升。

二、集聚负效应对城市规模效率的影响

在我国城市层级和规模管理政策的影响下，城市拥有对附近城乡和县级政府的管辖权。城市级别越高，其拥有的自治权就越大，支配资源的能力也会越强，因此，有必要考察不同等级规模城市的经济效益情况。由于样本数量的限制，故将巨型城市、特大城市和大城市作为一个整体，统称为大城市，从而分别讨论大城市、中等城市和小城市的情况。回归结果如表 6-4 所示。

表 6－4　　不同规模城市样本回归结果

变量	大城市	中等城市	小城市
Car	－0. 00233 *** (－3. 66)	－0. 00554 ** (－3. 37)	0. 00526 ** (2. 26)
Emp	－0. 0696 *** (－30. 70)	－0. 0995 *** (－200. 88)	－0. 0701 *** (－9. 88)
Sca	0. 385 *** (4. 73)	0. 168 ** (2. 41)	0. 348 ** (3. 11)
Ind	－0. 0641 ** (－2. 48)	－0. 0469 ** (－3. 26)	0. 924 ** (2. 76)
H	0. 00170 *** (5. 18)	0. 00851 * (2. 15)	0. 00168 * (2. 21)
k	0. 00128 ** (2. 27)	0. 00312 ** (3. 80)	0. 00238 * (2. 06)
W	－0. 100 *** (－4. 72)	0. 0104 ** (2. 36)	0. 300 ** (2. 94)
SO_2	－0. 0854 *** (－5. 37)	－0. 0544 *** (－4. 80)	－0. 0118 ** (－2. 19)
Inf	0. 0603 *** (5. 61)	0. 0173 * (2. 76)	0. 0261 * (2. 58)
Den	0. 195 *** (6. 24)	0. 992 *** (136. 89)	0. 862 *** (5. 89)
FDI	－0. 00941 ** (－3. 90)	0. 00103 ** (2. 96)	－0. 00127 ** (－2. 30)
_cons	10. 22 *** (16. 19)	7. 192 *** (12. 45)	4. 244 *** (11. 64)
N	756	654	300

注：括号中为 t 值。*** 代表在 1% 水平上显著，** 代表在 5% 水平上显著，* 代表在 10% 水平上显著。

从城市千人汽车保有量来看，大城市和中等城市的千人私车保有量对城市绿色全要素生产率的影响显著为负，这一结果与城市整体样本回归结果相反，这与我们在实际生活中的感受是一致的，由于交通堵塞、高昂的汽车养护费用等时间与金钱的花销，使汽车对劳动者的效用呈负向增长。然而在小城市，千人汽车保有量对城市绿色全要素生产率的效应为正，很大程度上由于小城市公共交通设施还不够完善，为了出行便利，人们更愿意选择私家车作为代步工具。

从就业密度来看，中等城市就业密度对城市绿色全要素生产率的负效应最高，达到 -0.0995；小城市次之，为 -0.0701；大城市绿色全要素生产率对就业密度的弹性系数为 -0.0696，城市就业密度过高带来的城市绿色全要素生产率降低已经在全国大、中、小城市全面显现。但是，城市规模不同，就业密度对城市绿色全要素生产率的负效应不尽相同。从经济密度指标来看，中等城市和小城市经济密度的提升能够很大程度上促进城市绿色全要素生产率的提升，其弹性系数分别达到 0.992 和 0.862；而大城市绿色全要素生产率对经济密度的弹性系数仅为 0.195，大城市经济密度提升对城市绿色全要素生产率提高的促进作用有限。对比大中小城市绿色全要素生产率对经济密度的弹性与其对就业密度的弹性可以发现，中小城市就业密度对城市绿色全要素生产率的负效应高于大城市，同时中小城市经济密度对城市绿色全要素生产率的促进作用也大于大城市。这在一定程度上反映了中小城市产业结构的问题，原材料密集型、劳动力密集型产业多集聚在中小城市，这些产业的产值较低、附加值低、技术相对落后，但需要大量劳动力，同时，城镇化过程中很大一部分的农村劳动力转移到中小城市，使城市过于拥挤，因此出现经济集聚程度不足和人口过于拥挤并存的现象。

从基础设施的影响来看，大城市绿色全要素生产率对基础设施的弹性最高，基础设施水平上升 1%，带动大城市绿色全要素生产率提高 0.06%，高于全国城市平均水平；小城市绿色全要素生产率对基础设施的弹性次之，弹性系数为 0.0261；而中等基础设施对城市绿色全要素生产率的带动作用最小，只有近 0.02%，中小城市基础设施对城市绿色全要素生产率效应均小于大城市。这一对比体现了基础设施水平在不同规模等级城市间的不平衡，基础设施水平对城市绿色全要素生产率影响的不同，进一步带来不同规模等级间发展差距的扩大。这也进一步说明，基础设施是提高城市绿色全要素生产率的途径之一，对大城市的实证结果为中小城市完善基础设施提供了借鉴意义。

第四节 本章结论及启示

本章基于我国285个地级及以上城市面板数据的实证研究，分析了城市聚集经济和“城市病”对城市经济效率的影响效应。从全国城市整体情况来看，聚集经济对城市经济效率的提升具有促进作用，但是拥挤效应和环境污染带来的城市负效应则阻碍了城市效率的提高，人口在中心城区的过度集中、交通拥堵、城市环境污染和生态破坏，导致城市运转效率下降，制约了城市可持续发展。从不同规模等级城市来看，聚集经济对大、中、小城市经济效率的促进是递增的，而集聚负效应对大、中、小城市经济效率损失的影响是递减的。经济要素趋利性和城市偏向型政策使大量资源流向大城市，教育文化、基础设施、公共服务等优质资源的集中，吸引了大量人才，但要素过度聚集引发的集聚负效应则抑制了大城市经济效率的提升。

具体来说，中等城市就业密度对城市绿色全要素生产率的负效应最高，就业的拥挤效应在中等城市最为凸显；中小城市经济密度的提升能够很大程度上促进城市绿色全要素生产率的提升，尤其是对于小城市而言，小城市工业聚集密度提高1%能够使城市绿色全要素生产率提升0.924%。因此，稳固产业支撑、提高产业能级、扩大人口吸纳能力是中小城市的发展方向。大城市环境污染对生产率的负效应较中小城市更为严重，大城市与中等城市千人汽车保有量对城市绿色全要素生产率的影响显著为负，而小城市千人汽车保有量对城市绿色全要素生产率依然有拉动作用。大城市相对高水平的基础设施对城市绿色全要素生产率的提升高于基础设施相对落后的中小城市。

第七章
结论及启示

第一节　主要研究结论

在高速工业化和城镇化的大背景下，城市是工业、服务业集聚的中心，是中国经济增长的高地，城市生产率的变动趋势对区域甚至全国的生产率变化都会产生极其重要的作用和影响。然而，与高速工业化相伴而生的是城市环境污染的加剧、生态环境的破坏，因此，对城市生产率的测算，需要将环境污染作为非期望产出，才能估算出城市的实际生产率。城市集聚是促进城市生产率提高的重要因素，然而，在集聚产生的过程中，也会随之产生集聚成本，尤其是在城镇化高速发展的阶段，由于基础设施建设的不完善、城市管理水平相对滞后，集聚成本也伴随劳动力、资本、土地等生产要素在城市的集聚而逐步上升。

基于此背景，本书从城市整体和城市规模等级两个层面入手，从城市全要素生产率—空间集聚—集聚成本三个维度，考察了中国 285 个地级及以上城市的实际发展情况，并得到以下结论：

（1）从城市全要素生产率来看，将环境污染作为非期望产出后计算的城市绿色全要素生产率较无环境约束下的城市全要素生产率出现一定程度的下降，环境污染直接影响了城市经济增长的质量。进一步对城市绿色全要素生产率进行分解得到，城市绿色全要素生产率的提高由效率改进主导，技术改进对城市绿色全要素生产率提高的主导作用有所减弱。按照城市规模来分别考察城市绿色全要素生产率发现，巨型城市的经济发展质量远高于其他城市，巨型城市均处于绿色技术前沿，其他规模城市均未达到技术前沿。巨型城市的 ML 生产率指标是增长的，特大城市、大城市、中等城市和小城市分别出现了不同程度的倒退。巨型城市的技术进步是绿色全要素生产率的主导力量。大城市和小城市的效率改进大于 1，表明其效率水平是提高的，但是由于技术进步降低的程度更高，导致其 ML 生产率指标出现下降。

（2）从空间集聚对城市绿色全要素生产率来看，城市规模与城市效率呈现显著的倒 U 形关系，随着城市空间集聚的增长，城市最优规模将会扩大。城市集聚是城市效率提高的重要来源，但是随着经济水平的提高，集聚对城市效率的促进作用将受到限制，进一步可以得到的结论是，城市之间的增长存在收敛现象。现行的城市土地利用方式和建设用地扩展模式在一定程度上制约了城市效率的提高。从城市规模等级来看：不同规模等级城市具有差别化的最优城市规模。集聚对中小城市，尤其是小城市的效力提高具有极大的推动作用。集聚对巨型城市、特大城市和大城市效率的作用受到经济发展水平的制约，经济增长的收敛效应抵消了城市集聚效应的发挥；集聚在中小城市的发生能够显著促进中小城市效率的提高，中小城市能够更多地在外部性中获益。

（3）通过考察集聚负效应对城市绿色全要素生产率的影响，可以得到环境污染对城市绿色全要素生产率增长显著为负。从不同规模城市来考察，大城市与中等城市千人汽车保有量对城市绿色全要素生产率的影响显著为负，而小城市千人汽车保有量对城市绿色全要素生产率依然有拉动作用。大城市环境污染对生产率的负效应较中小城市更为严重。结合城市绿色全要素生产率，城市绿色全要素生产率随城市规模的降低而减小，环境污染对城市的副作用随城市规模的提高而增加，这进一步说明，大规模城市的经济增长是一种高水平协调，可以通过期望产出对非期望产出绝对规模的超越，以及环境治理技术、管理方式的进步，取得城市绿色全要素生产率的进步。

第二节 启　　示

（1）对各等级规模城市进行差别化调控是降低集聚成本的有效途径。在市场极化作用和政策资源对大城市偏向的影响下，中国各等级规模城市的发展差异较大、发展水平差距明显。大城市，尤其是人口在300万以上的特大城市和巨型城市的问题根源不在于城市规模过大，而在于大规模无序发展。在市场作用和政府作用的双重影响下，劳动力、资本、产业等资源不断集中，导致其人口、空间不断扩散，如果政府不对其进行有效的规划和政策调控，将导致大城市过度蔓延。但是，中小城市不同于大城市，其问题在于发展不足，受市场扩散效应的影响，加之政府将有限资源投向大城市，导致原本相对落后的中小城市，在产业支撑缺乏、就业岗位不足、基础设施建设和公共服务水平落后的制约下，进一步限制了中小城市经济的发展，锁定了它们的人口吸纳能力和产业承接容量。

对于大城市，调控目标应为“加强城市病治理、防止城市空间过度蔓延与提升城市运行效率、加强中心辐射带动作用相结合”。加强城市病治理、防止城市空间过度蔓延首先需要明确城市功能定位，在此基础上将城市冗余功能、落后产能转移到低等级城市，在产业转移的带动下进行人口的逐步疏解，实现大城市的“减法”过程；而实现大城市的中心辐射带动作用，则要对城市产业结构进行全面优化升级，发展金融、科研、传媒等高端服务业，以及知识密集、附加值高、成长性好的、处于价值链高端环节的高端制造业，一方面实现城市经济的转型升级；另一方面可以避免产业疏解后，城市的产业“空心化”现象。

对于中小城市，则应该以“强化中小城市产业支撑、提高基础设施水平和增强城市综合承载力”为调控目标。引导大城市疏解出的产业优先在资源承载力强、发展潜力大的中小城市布局，依托资源优势发展特色产业，提高中小城市经济密度，强化中小城市产业支撑，扩大产业的就业吸纳能力，引导人口向中小城市转移。政府则应在政策层面落实加快发展中小城市的战略，多渠道增加城市基础设施建设资金的投入，构建基础设施共建共享机制，提高城市基础设施和公用服务水平。城市综合承载力的提升则是以产业发展水平、人口吸纳能力、基础设施容量和资源环境承载力四要素共同扩大为基础的，因此中小城市综合承载力的提升是中小城市发展的关键，也是全面缓解大城市承载能力的关键。在区域大尺度下解决各类城市问题，加强大、中、小城市间和城乡之间的要素流动，在大区域范围内最大限度降低聚集经济带来的负外部性，增强城市的综合承载能力。

（2）通过大中小城市协调发展挖掘空间集聚对城市生产率的促进作用。近年来，长三角城市群、珠三角城市群、京津冀城市群、山东半岛城市群、辽中南城市群、武汉城市群、长株潭城市群、成渝城市群、关中城市群、江淮城市群这十大城市群成长为引领中国经济高速增长的主导地区，是中国区域发展的重要支点。长三角城市群、成渝城市群、山东半岛城市群以及辽中南城市群城镇人口规模保持稳定较快的增长速度；京津冀城市群、关中城市群以及江淮城市群城镇人口增长则较为缓慢，其中江淮城市群长期处于较低的发展水平；东部沿海城市群城镇化水平高于中西部城市群，但近年来广大中西部城市群人口规模增长系数较高，城镇化速度明显加快。这意味着城市群已经成为中国城市发展的主体形态，是空间集聚进一步促进城市经济增长质量提高的重要来源。一是优化城市群内部分工协作机制，提高城市群聚集效率。二是差别化定位不同发展阶段的城市群。优化提升东部地区城市群，加快经济转型升级、优化城市空间结构、提高资源利用效率和环境质量，使东部城市群在更高层次上参与国际合作与竞争；培育发展中西部城市群，引导东部地区产业向中西部地区转移，有序承接国际产业转移，提升中心城市辐射带动作用，兼顾中部地区重要粮食主产区的任务和西部地区生态保护的重要意义，使中西部城市群成长为推动中国区域发展的重要支点。

（3）构建设施共享、污染同治的跨区域合作机制。聚集规模收益是城市不断发展的源泉，既有基础设施共享的正外部性，也有环境跨境污染的负外部性，这需要城市之间能够建立跨区域的合作机制，实现中心城区—边缘郊区、中心大城市—周边中小城市、小城市—城镇的设施共享与污染同治。城市基础设施建设能够促进环保产业发展、降低环境污染程度，是城市容量扩张的基础，也是城市承载力提升的重要因素。中国大中小城市的基础设施建设整体落后，但其原因各不相同，大城市有大量资金投入基础设施建设中，但是远未达到自成体系、运转自如的程度，而中小城市基础设施水平低的主要原因在于资金投入不足。需要推进跨区域的相互联通，促进基础设施的设施共建共享和创新资源的开放共享，推动区域环境联防联控联治，推进城市间跨区域合作机制的构建。要破除各自为政的城市管理体制，在跨区域合作的宏观层面建立现代城市管理体制，为设施共建、污染同治提供机制基础，无论是环境治理的强制立法、城市发展的规划引导、公共交通系统的倚重、绿色低碳理念推广还是城镇体系的协调发展都离不开政府城市治理理念和机制的创新。

第三节　研究局限

对集聚经济、空间经济等相关理论研究的有限性，以及在数据上的低获取性，使本书存在以下不足。

一是对城市空间集聚对城市生产率影响机制的研究不够深入。本书探讨了城市空间集聚与城市生产率之间的关系，但是，对于这种关系的产生以及空间集聚是如何作用于城市生产率的，本书缺少相关研究，需要进一步探讨。

二是数据限制。第一，数据的时间跨度较短，为了避免行政调整对城市数据的影响，本书选取城市数量较稳定的 2004 ~ 2012 年的数据，但是这样的选择不可避免会出现时间序列的断层，无法完整观测城镇化进程中城市绿色生产率的动态演进。第二，本书选取城市层面的数据进行实证研究，如果能够基于城市行业或企业的数据，则可以进一步探究城市全要素生产率的来源。城市之间的经济联系和职能分工有所不同，使用微观数据能够更好地解释城市经济发展方式对城市全要素生产率的影响。

三是本书对于集聚成本的研究限于拥挤和环境污染，而地租、通勤成本和其他纯不经济也是集聚成本的重要来源。尤其是贫困、犯罪等普遍的社会问题也是分散力的重要来源，但是这种分散力对于城市规模是否产生影响，以及如何影响，需要在未来的研究中进一步探讨。

附　　录

表 1　　2004 ~ 2012 年中国地级以上城市绿色全要素生产率

城市	静态技术效率	效率改进	技术改进	ML 生产率指数	GTFP
上海市	1.0000	1.0000	1.0005	1.0005	1.0039
北京市	1.0000	1.0000	1.0576	1.0576	1.5653
重庆市	0.7031	1.0026	0.9656	0.9681	0.7716
天津市	0.8461	0.9726	0.9826	0.9557	0.6959
广州市	0.9563	1.0000	1.0575	1.0575	1.5636
深圳市	1.0000	1.0000	1.0493	1.0493	1.4697
东莞市	1.0000	1.0000	1.0554	1.0554	1.5396
成都市	0.7403	1.0241	1.0100	1.0344	1.3103
南京市	0.7362	1.0112	1.0007	1.0119	1.0991
佛山市	0.9986	1.0000	1.0163	1.0163	1.1385
武汉市	0.8189	0.9746	0.9726	0.9480	0.6521
西安市	0.6327	0.9856	0.9986	0.9843	0.8811
沈阳市	0.9532	0.9892	0.9855	0.9749	0.8156
杭州市	0.8188	0.9887	1.0732	1.0611	1.6070
苏州市	0.7695	1.0254	0.9648	0.9894	0.9180
汕头市	0.8462	0.9819	0.9611	0.9437	0.6291
哈尔滨市	0.9302	0.9998	0.9573	0.9571	0.7039
济南市	0.8403	0.9634	0.9618	0.9266	0.5436
郑州市	0.6117	1.0054	0.9701	0.9753	0.8187

续表

城市	静态技术效率	效率改进	技术改进	ML 生产率指数	GTFP
昆明市	0.8620	0.9817	0.9587	0.9412	0.6159
长沙市	0.9169	1.0325	0.9873	1.0194	1.1658
厦门市	0.8241	0.9522	1.0008	0.9529	0.6799
青岛市	0.8476	1.0008	0.9770	0.9777	0.8351
合肥市	0.8453	0.9857	0.9858	0.9717	0.7951
无锡市	0.7868	0.9946	1.0160	1.0106	1.0877
宁波市	0.7520	0.9601	0.9845	0.9452	0.6369
太原市	0.8068	1.0198	0.9481	0.9669	0.7642
长春市	0.8323	0.9649	0.9625	0.9287	0.5533
常州市	0.8603	1.0224	1.0084	1.0310	1.2765
乌鲁木齐市	0.8483	1.0403	0.9424	0.9803	0.8530
中山市	0.9770	0.9950	0.9994	0.9944	0.9558
贵阳市	0.6696	1.0412	0.9726	1.0126	1.1058
徐州市	0.6926	0.9928	0.9862	0.9791	0.8444
唐山市	0.8722	0.9610	0.9016	0.8665	0.3177
福州市	0.6832	0.9872	0.9839	0.9713	0.7924
石家庄市	0.5707	0.9827	0.9928	0.9756	0.8207
大连市	0.8041	0.9623	1.0325	0.9935	0.9495
兰州市	0.7097	1.0093	0.9643	0.9733	0.8051
淄博市	0.6995	0.9816	0.9872	0.9690	0.7772
南昌市	0.7707	0.9762	0.9925	0.9689	0.7765
南宁市	0.6519	0.9990	0.9686	0.9676	0.7686
惠州市	0.6623	0.9495	0.9831	0.9335	0.5767
淮安市	0.6071	0.9996	0.9988	0.9983	0.9868
临沂市	0.6068	0.9841	0.9995	0.9836	0.8760
扬州市	0.7095	1.0296	0.9748	1.0037	1.0302
南通市	0.6441	1.0160	0.9793	0.9950	0.9609
襄阳市	0.8222	1.0127	0.8846	0.8959	0.4149
枣庄市	0.5635	0.9968	0.9868	0.9837	0.8767

续表

城市	静态技术效率	效率改进	技术改进	ML 生产率指数	GTFP
海口市	0.9814	0.9862	0.9867	0.9731	0.8038
阜阳市	0.6420	0.9928	0.9631	0.9562	0.6988
包头市	0.7189	1.0158	0.9997	1.0155	1.1308
洛阳市	0.5955	1.0002	0.9816	0.9817	0.8629
潍坊市	0.5478	0.9927	0.9977	0.9905	0.9264
宿州市	0.7047	1.0470	0.9624	1.0076	1.0628
呼和浩特市	0.7564	1.0015	0.9924	0.9939	0.9519
莆田市	0.9066	0.9795	0.9504	0.9309	0.5639
南充市	0.7462	0.9956	0.9487	0.9445	0.6335
江门市	0.7027	0.9614	0.9328	0.8968	0.4184
六安市	0.5758	0.9970	0.9612	0.9583	0.7113
吉林市	0.7116	0.9429	0.9523	0.8979	0.4227
南阳市	0.5314	0.9989	0.9923	0.9912	0.9318
淮南市	0.5776	0.9882	0.9618	0.9505	0.6663
烟台市	0.6815	1.0005	0.9966	0.9971	0.9773
泰安市	0.6405	0.9724	0.9896	0.9623	0.7355
大同市	0.6030	0.9905	0.9734	0.9642	0.7468
湛江市	0.6910	1.0356	0.9851	1.0202	1.1733
商丘市	0.5536	0.9836	0.9846	0.9685	0.7739
盐城市	0.6225	1.0035	0.9880	0.9914	0.9334
珠海市	0.7054	0.9777	0.9709	0.9492	0.6589
台州市	0.6719	0.9746	0.9879	0.9628	0.7386
柳州市	0.7021	1.0109	0.8969	0.9067	0.4567
鞍山市	0.7853	0.9491	0.9625	0.9136	0.4851
贵港市	0.6006	1.0169	0.9202	0.9358	0.5882
温州市	0.6370	1.0015	0.9907	0.9922	0.9396
抚顺市	0.7001	0.9971	0.9308	0.9281	0.5504
宿迁市	0.6433	1.0112	0.9889	0.9999	0.9995
泉州市	0.6255	0.9792	0.9690	0.9489	0.6570

续表

城市	静态技术效率	效率改进	技术改进	ML 生产率指数	GTFP
邯郸市	0.5613	0.9942	0.9843	0.9786	0.8411
宜昌市	0.6221	0.9859	0.9935	0.9795	0.8473
亳州市	0.7994	0.9765	0.9547	0.9322	0.5704
宝鸡市	0.5719	1.0011	0.9775	0.9785	0.8405
镇江市	0.6173	0.9993	1.0036	1.0029	1.0231
泸州市	0.5923	0.9999	0.9743	0.9742	0.8115
绵阳市	0.5918	0.9922	0.9565	0.9490	0.6579
赤峰市	0.6027	0.9895	0.9780	0.9677	0.7689
菏泽市	0.5183	1.0023	0.9991	1.0014	1.0116
大庆市	1.0000	1.0000	0.9611	0.9611	0.7282
济宁市	0.5610	1.0032	0.9787	0.9818	0.8634
齐齐哈尔市	0.7497	1.0317	0.9044	0.9331	0.5749
银川市	0.6779	1.0735	0.9830	1.0553	1.5377
常德市	0.9615	1.0000	0.8920	0.8920	0.4007
莱芜市	0.7419	0.9850	0.9785	0.9639	0.7451
遂宁市	0.6606	1.0171	0.9505	0.9667	0.7626
漯河市	0.7855	1.0090	0.8871	0.8951	0.4121
湖州市	0.5994	0.9943	0.9986	0.9929	0.9448
乐山市	0.5697	1.0206	0.9574	0.9771	0.8308
自贡市	0.8831	0.9974	0.9001	0.8979	0.4223
信阳市	0.5958	0.9922	0.9768	0.9691	0.7782
内江市	0.6217	1.0323	0.9244	0.9542	0.6875
岳阳市	0.7472	1.0348	0.9005	0.9318	0.5683
益阳市	0.5712	1.0097	0.9531	0.9624	0.7359
日照市	0.6514	1.0190	1.0007	1.0197	1.1693
芜湖市	0.7112	0.9863	0.9980	0.9844	0.8814
茂名市	0.7547	1.0233	0.9113	0.9325	0.5719
荆州市	0.5720	0.9906	0.9694	0.9603	0.7235
钦州市	0.6217	1.0230	0.9427	0.9644	0.7482

续表

城市	静态技术效率	效率改进	技术改进	ML 生产率指数	GTFP
天水市	0.8568	1.0178	0.9562	0.9732	0.8050
嘉兴市	0.5377	0.9964	1.0000	0.9964	0.9712
安阳市	0.5409	0.9938	0.9801	0.9741	0.8106
株洲市	0.6292	1.0101	0.9278	0.9372	0.5951
保定市	0.5867	0.9254	0.9825	0.9092	0.4669
宜宾市	0.5782	1.0284	0.9622	0.9896	0.9197
本溪市	0.6411	1.0085	0.9559	0.9640	0.7458
聊城市	0.5330	1.0094	0.9838	0.9930	0.9454
衡阳市	0.6151	1.0024	0.9263	0.9285	0.5525
西宁市	0.6000	1.0056	0.9779	0.9833	0.8740
遵义市	0.6613	0.9910	0.9760	0.9672	0.7660
抚州市	0.5722	1.0002	0.9809	0.9811	0.8581
连云港市	0.5562	0.9902	0.9992	0.9894	0.9181
金华市	0.5713	0.9912	0.9959	0.9871	0.9013
玉林市	0.6443	0.9883	0.9252	0.9144	0.4887
秦皇岛市	0.6316	0.9831	0.9710	0.9546	0.6897
张家口市	0.5805	0.9809	0.9671	0.9486	0.6554
新乡市	0.5442	0.9993	0.9854	0.9847	0.8841
宜春市	0.5565	0.9887	0.9776	0.9666	0.7620
湘潭市	0.5816	1.0145	0.9710	0.9850	0.8862
鄂州市	0.7130	0.9735	0.9314	0.9067	0.4567
淮北市	0.6600	0.9928	0.9613	0.9544	0.6886
营口市	0.6222	1.0086	0.9956	1.0042	1.0341
平顶山市	0.6891	1.0023	0.9052	0.9073	0.4591
东营市	0.7947	0.9986	0.9924	0.9910	0.9304
巴中市	0.9176	1.0000	0.8690	0.8690	0.3253
永州市	0.5959	0.9985	0.9721	0.9706	0.7877
通辽市	0.5835	0.9805	0.9988	0.9794	0.8463
贺州市	0.7024	1.0298	0.9131	0.9403	0.6113

续表

城市	静态技术效率	效率改进	技术改进	ML 生产率指数	GTFP
武威市	0. 9825	1. 0000	0. 8658	0. 8658	0. 3157
韶关市	0. 5387	0. 9992	0. 9879	0. 9871	0. 9015
桂林市	0. 6173	0. 9932	0. 9547	0. 9482	0. 6534
牡丹江市	0. 6310	1. 0073	0. 9296	0. 9364	0. 5910
锦州市	0. 7193	0. 9974	0. 9074	0. 9051	0. 4503
孝感市	0. 5649	1. 0031	0. 9257	0. 9285	0. 5526
临汾市	0. 6568	1. 0035	0. 8877	0. 8908	0. 3967
咸阳市	0. 5363	0. 9994	0. 9946	0. 9941	0. 9536
葫芦岛市	0. 6709	0. 9805	0. 9481	0. 9296	0. 5575
保山市	0. 8415	1. 0033	0. 9230	0. 9260	0. 5407
蚌埠市	0. 6229	0. 9894	0. 9760	0. 9656	0. 7558
来宾市	0. 7062	0. 9310	0. 8352	0. 7776	0. 1337
焦作市	0. 5122	1. 0015	0. 9963	0. 9978	0. 9822
邢台市	0. 5249	0. 9986	0. 9901	0. 9887	0. 9131
开封市	0. 5673	0. 9898	0. 9784	0. 9684	0. 7737
资阳市	0. 8479	1. 0373	0. 8731	0. 9056	0. 4524
渭南市	0. 5442	1. 0039	0. 9628	0. 9665	0. 7615
泰州市	0. 5982	0. 9964	0. 9895	0. 9859	0. 8926
广元市	0. 6031	1. 0322	0. 9464	0. 9768	0. 8288
辽阳市	0. 6296	0. 9907	0. 9490	0. 9401	0. 6102
安康市	0. 8064	1. 0450	0. 7432	0. 7767	0. 1324
宣城市	0. 8814	0. 9322	0. 9406	0. 8768	0. 3493
驻马店市	0. 5786	0. 9956	0. 9479	0. 9438	0. 6296
鸡西市	0. 7025	0. 9936	0. 9025	0. 8968	0. 4184
广安市	0. 6671	1. 0186	0. 9643	0. 9823	0. 8670
新余市	0. 6661	1. 0333	0. 9527	0. 9843	0. 8814
阜新市	0. 6374	0. 9495	0. 9642	0. 9155	0. 4934
马鞍山市	0. 6523	1. 0124	0. 9901	1. 0024	1. 0191
廊坊市	0. 5613	1. 0093	0. 9903	0. 9996	0. 9964

续表

城市	静态技术效率	效率改进	技术改进	ML 生产率指数	GTFP
郴州市	0. 5623	0. 9998	0. 9941	0. 9940	0. 9528
衢州市	0. 5696	1. 0070	0. 9948	1. 0018	1. 0146
眉山市	0. 5944	1. 0171	0. 9743	0. 9910	0. 9302
清远市	0. 5700	1. 0093	0. 9982	1. 0075	1. 0616
佳木斯市	0. 9358	1. 0527	0. 8605	0. 9059	0. 4535
昭通市	0. 9644	1. 0213	0. 8348	0. 8526	0. 2793
攀枝花市	0. 7062	1. 0040	0. 9637	0. 9675	0. 7680
伊春市	0. 8234	0. 9786	0. 8787	0. 8599	0. 2990
黄石市	0. 6461	1. 0064	0. 9080	0. 9139	0. 4864
北海市	0. 7024	1. 0003	0. 9559	0. 9562	0. 6990
十堰市	0. 8124	1. 0261	0. 8915	0. 9148	0. 4905
安庆市	0. 5826	1. 0044	0. 9911	0. 9954	0. 9638
长治市	0. 5543	0. 9914	0. 9882	0. 9797	0. 8484
安顺市	0. 7875	0. 9806	0. 8601	0. 8434	0. 2561
邵阳市	0. 7070	1. 0259	0. 8591	0. 8814	0. 3642
曲靖市	0. 7683	0. 9958	0. 9149	0. 9111	0. 4748
揭阳市	0. 7132	0. 9743	0. 9375	0. 9133	0. 4842
铜川市	0. 8461	0. 9961	0. 9315	0. 9279	0. 5495
盘锦市	0. 7781	0. 9840	0. 9880	0. 9722	0. 7983
丹东市	0. 6003	0. 9801	0. 9461	0. 9273	0. 5469
德阳市	0. 6364	1. 0205	0. 9351	0. 9542	0. 6875
漳州市	0. 6823	0. 9487	0. 9624	0. 9130	0. 4829
赣州市	0. 5691	0. 9982	0. 9652	0. 9634	0. 7423
肇庆市	0. 6157	0. 9441	0. 9728	0. 9185	0. 5064
九江市	0. 5753	1. 0051	0. 9849	0. 9899	0. 9222
三亚市	1. 0000	1. 0000	1. 1077	1. 1077	2. 2665
阳泉市	0. 7695	1. 0435	0. 9593	1. 0010	1. 0080
周口市	0. 5323	0. 9950	0. 9916	0. 9866	0. 8977
舟山市	0. 7430	1. 0092	0. 9751	0. 9841	0. 8795

续表

城市	静态技术效率	效率改进	技术改进	ML 生产率指数	GTFP
阳江市	0. 6531	0. 9722	0. 9673	0. 9404	0. 6116
滨州市	0. 5278	1. 0002	0. 9996	0. 9998	0. 9982
运城市	0. 5258	1. 0012	0. 9896	0. 9908	0. 9286
龙岩市	0. 7050	0. 9758	0. 9159	0. 8937	0. 4069
鹤岗市	0. 6119	1. 0074	0. 9383	0. 9452	0. 6372
池州市	0. 6942	1. 0306	0. 9779	1. 0078	1. 0643
濮阳市	0. 5825	0. 9822	0. 9911	0. 9734	0. 8061
荆门市	0. 6573	0. 9679	0. 9025	0. 8735	0. 3390
绍兴市	0. 5240	0. 9882	1. 0004	0. 9886	0. 9123
威海市	0. 6322	0. 9743	0. 9920	0. 9666	0. 7620
朝阳市	0. 6045	1. 0312	0. 9505	0. 9801	0. 8517
鹤壁市	0. 5659	0. 9868	0. 9710	0. 9582	0. 7106
承德市	0. 5556	1. 0231	0. 9851	1. 0078	1. 0644
晋中市	0. 5803	0. 9923	0. 9805	0. 9729	0. 8029
榆林市	0. 5688	1. 0194	0. 9877	1. 0069	1. 0563
六盘水市	0. 5737	1. 0101	0. 9663	0. 9761	0. 8243
萍乡市	0. 6750	1. 0062	0. 9752	0. 9812	0. 8592
德州市	0. 5309	1. 0092	0. 9972	1. 0064	1. 0524
吉安市	0. 5545	1. 0215	0. 9418	0. 9620	0. 7334
沧州市	0. 5943	1. 0198	0. 9899	1. 0095	1. 0786
四平市	0. 6377	0. 9690	0. 9788	0. 9485	0. 6550
鄂尔多斯市	0. 9279	0. 9907	0. 9400	0. 9313	0. 5656
克拉玛依市	0. 9827	1. 0092	0. 9876	0. 9967	0. 9743
随州市	0. 8672	1. 0127	0. 9041	0. 9156	0. 4941
白山市	0. 7518	1. 0114	0. 8824	0. 8924	0. 4024
松原市	0. 7182	1. 0046	0. 9851	0. 9896	0. 9199
七台河市	0. 6526	0. 9646	0. 9698	0. 9355	0. 5866
滁州市	0. 6715	0. 9566	0. 9353	0. 8946	0. 4104
陇南市	1. 0000	1. 0000	1. 1156	1. 1156	2. 3993

续表

城市	静态技术效率	效率改进	技术改进	ML 生产率指数	GTFP
怀化市	0.7210	1.0484	0.8533	0.8946	0.4103
梧州市	0.6124	1.0353	0.9352	0.9682	0.7724
忻州市	0.5718	1.0071	0.9410	0.9477	0.6508
衡水市	0.5338	1.0040	0.9914	0.9953	0.9632
巴彦淖尔市	0.5330	0.9988	0.9915	0.9903	0.9250
绥化市	1.0000	1.0000	0.9453	0.9453	0.6377
乌海市	0.6199	0.9857	0.9823	0.9683	0.7726
汉中市	0.5553	1.0057	0.9467	0.9520	0.6749
商洛市	0.8575	1.0432	0.8358	0.8720	0.3342
防城港市	0.7056	0.9948	0.8706	0.8661	0.3165
汕尾市	0.7132	0.9763	0.8428	0.8228	0.2100
咸宁市	0.6350	0.9949	0.9315	0.9267	0.5438
白城市	0.5490	0.9995	0.9891	0.9886	0.9120
平凉市	0.6086	0.9805	0.9527	0.9341	0.5796
张掖市	0.6201	0.9881	0.9728	0.9612	0.7286
张家界市	0.8406	1.0696	0.9036	0.9666	0.7618
许昌市	0.5681	0.9870	0.9732	0.9605	0.7244
双鸭山市	0.7193	0.9340	0.9538	0.8908	0.3964
娄底市	0.5783	1.0606	0.9729	1.0319	1.2854
玉溪市	1.0000	1.0000	0.9117	0.9117	0.4774
白银市	0.6902	1.0282	0.9610	0.9882	0.9093
达州市	0.5754	1.0825	0.9798	1.0607	1.6021
铜陵市	0.6889	1.0227	0.9138	0.9346	0.5820
晋城市	0.5240	0.9984	0.9971	0.9955	0.9645
石嘴山市	0.6524	1.0174	0.9827	0.9999	0.9989
景德镇市	0.5435	1.0020	0.9890	0.9910	0.9301
辽源市	0.7732	1.0047	0.9894	0.9941	0.9540
河源市	0.5853	0.9771	0.9575	0.9355	0.5865
南平市	0.5618	1.0039	0.9710	0.9748	0.8152

续表

城市	静态技术效率	效率改进	技术改进	ML 生产率指数	GTFP
延安市	0. 6683	0. 9692	0. 9848	0. 9544	0. 6886
丽水市	0. 5929	1. 0145	0. 9801	0. 9943	0. 9551
潮州市	0. 5738	0. 9896	0. 9826	0. 9723	0. 7988
通化市	0. 5444	0. 9959	0. 9829	0. 9788	0. 8426
铁岭市	0. 6314	1. 0196	0. 9590	0. 9778	0. 8353
黄山市	0. 7537	1. 0152	0. 9551	0. 9696	0. 7810
宁德市	0. 7275	0. 9461	0. 9229	0. 8732	0. 3379
酒泉市	0. 6860	0. 9684	0. 9688	0. 9382	0. 6004
定西市	1. 0000	1. 0000	0. 8642	0. 8642	0. 3110
固原市	1. 0000	1. 0000	0. 8599	0. 8599	0. 2990
上饶市	0. 5293	0. 9987	0. 9917	0. 9904	0. 9256
吴忠市	0. 5697	1. 0305	0. 9361	0. 9646	0. 7497
梅州市	0. 5373	1. 0048	0. 9813	0. 9860	0. 8936
中卫市	0. 5996	1. 0259	0. 9301	0. 9542	0. 6874
庆阳市	1. 0000	1. 0000	0. 8442	0. 8442	0. 2580
百色市	0. 5648	0. 9976	0. 9983	0. 9959	0. 9679
三明市	0. 5331	1. 0040	0. 9906	0. 9945	0. 9569
黄冈市	0. 5652	1. 0006	0. 9811	0. 9816	0. 8622
河池市	0. 5267	0. 9999	0. 9560	0. 9559	0. 6969
临沧市	0. 9373	0. 9768	0. 8535	0. 8337	0. 2334
吕梁市	0. 6007	1. 0501	0. 9341	0. 9809	0. 8572
崇左市	0. 7589	1. 0173	0. 9122	0. 9280	0. 5501
三门峡市	0. 5419	0. 9968	0. 9803	0. 9771	0. 8311
乌兰察布市	0. 5887	0. 9889	0. 9700	0. 9593	0. 7171
雅安市	0. 8802	1. 0417	0. 7296	0. 7600	0. 1113
云浮市	0. 5819	0. 9952	0. 9775	0. 9728	0. 8022
思茅市*	0. 5760	1. 0120	0. 9624	0. 9740	0. 8099
朔州市	0. 7086	1. 0758	0. 9810	1. 0554	1. 5391
呼伦贝尔市	0. 5416	1. 0193	0. 9616	0. 9801	0. 8518

续表

城市	静态技术效率	效率改进	技术改进	ML 生产率指数	GTFP
嘉峪关市	0.6503	1.0565	0.9570	1.0111	1.0923
金昌市	0.7570	1.0150	0.8997	0.9132	0.4836
鹰潭市	0.6883	1.0828	0.8466	0.9167	0.4985
丽江市	0.9008	0.9500	0.6255	0.5942	0.0155
黑河市	0.9180	1.0648	0.9592	1.0214	1.1847

注：2007 年思茅市更名普洱市。

表 2　2004～2012 年中国城市资本存量估算　单位：亿元

城市	2004 年	2005 年	2006 年	2007 年	2008 年	2009 年	2010 年	2011 年	2012 年
上海市	18880	19909	21201	22694	24262	25967	27619	29259	30614
北京市	12170	13144	14365	15841	17434	19161	20995	23207	25487
重庆市	2898	3520	4379	5491	6869	8574	10684	13102	15821
天津市	3910	4701	5572	6642	8006	9995	12711	16016	19654
广州市	46	69	92	121	153	204	284	406	1232
深圳市	6228	6654	7119	7600	8080	8624	9245	9906	10622
东莞市	17	29	50	83	106	147	178	216	239
成都市	173	205	239	274	310	412	637	889	1098
南京市	460	602	790	1031	1304	1664	2145	2791	3599
佛山市	41	57	83	123	176	259	384	555	749
武汉市	2967	3438	3999	4658	5430	6436	7691	9119	10608
西安市	1627	1967	2404	2954	3659	4566	5738	7064	8538
沈阳市	2504	3067	3832	4885	6139	7646	9336	11107	12981
杭州市	64	75	86	99	115	135	163	198	242
苏州市	2054	2438	2846	3292	3731	4177	4656	5233	6040
汕头市	437	516	607	709	825	965	1127	1308	1540
哈尔滨市	206	231	261	299	343	404	486	594	650
济南市	1612	1833	2145	2509	2941	3451	4050	4670	5286
郑州市	1234	1448	1671	1912	2172	2501	2935	3512	4220

续表

城市	2004年	2005年	2006年	2007年	2008年	2009年	2010年	2011年	2012年
昆明市	26	36	66	116	188	270	360	460	581
长沙市	1294	1562	1904	2329	2832	3461	4247	5235	6307
厦门市	1249	1437	1733	2177	2711	3239	3718	4213	4756
青岛市	256	294	350	439	577	765	980	1131	1221
合肥市	712	934	1262	1753	2445	3388	4547	5777	7014
无锡市	2340	2711	3144	3624	4124	4703	5401	6207	7053
宁波市	113	138	174	217	272	344	404	448	479
太原市	839	1000	1211	1469	1747	2052	2379	2727	3132
长春市	1268	1547	1932	2442	3075	3846	4810	5773	6792
常州市	215	247	279	313	354	422	514	630	758
乌鲁木齐市	683	784	879	986	1109	1263	1443	1619	1894
中山市	1368	1513	1665	1830	2003	2215	2467	2759	3096
贵阳市	55	97	159	225	298	378	474	570	677
徐州市	624	747	889	1063	1280	1539	1921	2405	3007
唐山市	558	711	918	1209	1573	2163	2959	3817	4647
福州市	2045	2394	2847	3403	4021	4732	5521	6362	7252
石家庄市	1050	1250	1501	1796	2111	2510	3021	3636	4331
大连市	129	143	159	176	196	220	248	279	314
兰州市	306	345	389	447	514	594	674	757	844
淄博市	1480	1715	1967	2203	2416	2666	2998	3410	3888
南昌市	134	161	189	219	256	315	409	534	685
南宁市	112	134	163	200	245	300	366	447	539
惠州市	791	940	1083	1247	1433	1686	1974	2282	2618
淮安市	590	692	812	961	1151	1402	1734	2064	2378
临沂市	267	338	413	504	623	803	1061	1438	1936
扬州市	448	546	658	787	938	1112	1314	1614	2027
南通市	492	558	644	752	852	958	1058	1167	1267
襄阳市	239	290	347	420	517	656	844	1093	1403
枣庄市	423	517	634	762	893	1048	1237	1455	1707

续表

城市	2004 年	2005 年	2006 年	2007 年	2008 年	2009 年	2010 年	2011 年	2012 年
海口市	1400	1679	2011	2410	2881	3511	4371	5428	6710
阜阳市	137	166	199	239	286	336	415	507	639
包头市	901	1111	1370	1668	2021	2487	3091	3785	4552
洛阳市	72	98	140	203	277	367	463	574	680
潍坊市	686	825	988	1157	1343	1580	1878	2225	2607
宿州市	138	155	181	213	256	317	380	440	475
呼和浩特市	644	773	940	1147	1374	1638	1889	2143	2418
莆田市	522	551	580	605	628	656	693	741	795
南充市	3975	4556	5209	5921	6662	7497	8477	9706	11106
江门市	361	415	474	541	615	712	830	968	1126
六安市	91	113	138	167	197	235	279	328	395
吉林市	0	216	469	795	1199	1662	2155	2641	2860
南阳市	102	121	143	168	198	241	303	379	464
淮南市	184	231	303	403	509	626	762	937	1125
烟台市	1385	1614	1874	2180	2511	2892	3323	3798	4318
泰安市	371	455	550	652	742	856	1004	1196	1420
大同市	926	1061	1227	1437	1685	1983	2344	2730	3155
湛江市	427	478	539	602	665	739	820	927	1047
商丘市	208	246	303	367	428	493	574	669	768
盐城市	310	383	489	624	786	984	1222	1466	1707
珠海市	663	768	895	1056	1238	1449	1676	1934	2247
台州市	991	1080	1178	1270	1357	1443	1527	1611	1713
柳州市	76	99	139	193	253	311	364	439	535
鞍山市	527	624	739	892	1087	1318	1581	1842	2130
贵港市	6147	6743	7405	8130	8886	9808	10946	12188	13491
温州市	1409	1532	1665	1808	1952	2085	2189	2330	2527
抚顺市	1343	1530	1745	2015	2344	2771	3332	3975	4637
宿迁市	169	206	264	340	443	577	745	908	1074
泉州市	376	461	554	669	818	1025	1290	1595	1906

续表

城市	2004 年	2005 年	2006 年	2007 年	2008 年	2009 年	2010 年	2011 年	2012 年
邯郸市	486	551	625	709	801	912	1046	1200	1382
宜昌市	1060	1137	1204	1270	1343	1452	1596	1770	1961
亳州市	3857	4367	4909	5484	6090	6793	7617	8552	9629
宝鸡市	227	274	332	415	534	649	792	952	1166
镇江市	555	664	799	958	1136	1362	1654	1986	2341
泸州市	575	666	800	959	1121	1272	1410	1541	1685
绵阳市	110	125	138	154	176	219	289	380	488
赤峰市	115	140	173	216	265	329	414	502	588
菏泽市	365	394	439	493	535	570	599	636	668
大庆市	1704	2115	2642	3357	4227	5296	6568	8000	9612
济宁市	375	441	519	592	655	726	837	981	1163
齐齐哈尔市	93	122	165	222	277	336	405	540	693
银川市	459	514	568	618	667	717	789	888	1022
常德市	243	281	334	410	501	633	809	1019	1178
莱芜市	843	952	1068	1200	1348	1490	1673	1944	2308
遂宁市	92	113	138	173	223	297	402	532	683
漯河市	107	115	120	127	134	143	152	162	176
湖州市	736	830	946	1061	1166	1275	1393	1522	1658
乐山市	83	104	138	184	222	252	273	294	317
自贡市	108	130	154	184	224	286	375	482	602
信阳市	177	211	254	306	372	456	563	670	784
内江市	3021	3387	3846	4343	4839	5361	5893	6424	6940
岳阳市	316	360	397	442	495	559	637	743	847
益阳市	119	142	171	216	273	347	434	536	655
日照市	53	81	127	194	245	339	414	496	538
芜湖市	341	423	522	654	828	1079	1417	1811	2256
茂名市	142	162	184	214	254	307	367	430	491
荆州市	159	187	217	252	301	374	480	616	792
钦州市	344	402	465	541	620	725	852	1008	1191

续表

城市	2004 年	2005 年	2006 年	2007 年	2008 年	2009 年	2010 年	2011 年	2012 年
天水市	88	107	131	163	198	237	282	338	372
嘉兴市	1290	1381	1490	1607	1715	1827	1946	2067	2182
安阳市	254	289	333	384	454	542	646	756	870
株洲市	264	314	374	446	538	662	827	1031	1266
保定市	425	486	552	631	733	876	1063	1283	1502
宜宾市	261	290	321	349	371	388	404	436	491
本溪市	305	365	434	505	578	674	808	982	1192
聊城市	66	85	112	152	177	190	195	211	234
衡阳市	147	175	204	234	274	334	426	549	707
西宁市	224	261	302	352	427	529	666	819	995
遵义市	265	292	321	340	362	393	433	497	598
抚州市	238	297	370	468	587	746	962	1235	1557
连云港市	180	216	258	308	367	446	550	683	839
金华市	803	847	883	906	927	952	983	1019	1073
玉林市	69	96	141	202	274	359	459	583	730
秦皇岛市	1359	1644	1997	2381	2769	3201	3733	4370	5192
张家口市	226	255	295	337	398	468	562	662	775
新乡市	247	289	336	388	449	532	647	783	950
宜春市	70	83	99	116	138	169	212	270	331
湘潭市	227	285	366	463	569	700	873	1086	1338
鄂州市	20	48	89	172	295	478	713	995	1152
淮北市	163	199	246	304	378	474	596	740	906
营口市	262	337	442	597	793	1055	1383	1795	2210
平顶山市	36	54	84	134	176	244	300	362	401
东营市	1771	2024	2362	2781	3238	3734	4239	4696	5125
巴中市	48	58	69	81	95	115	143	180	238
永州市	141	162	186	216	255	313	392	475	545
通辽市	191	241	307	391	486	591	706	825	999
贺州市	38	56	100	172	268	372	481	593	717

续表

城市	2004 年	2005 年	2006 年	2007 年	2008 年	2009 年	2010 年	2011 年	2012 年
武威市	58	71	90	115	147	182	225	283	366
韶关市	233	268	312	362	422	494	579	663	752
桂林市	842	981	1134	1307	1501	1742	2038	2477	3026
牡丹江市	730	934	1215	1557	1918	2362	2933	3597	4302
锦州市	162	194	217	252	297	358	466	596	773
孝感市	72	87	103	125	152	189	237	300	378
临汾市	718	853	985	1121	1262	1454	1701	1948	2248
咸阳市	242	297	365	451	565	724	936	1191	1485
葫芦岛市	191	210	240	281	339	391	457	520	590
保山市	48	58	74	97	120	146	176	213	246
蚌埠市	201	244	294	352	420	509	635	787	981
来宾市	340	399	466	542	625	728	856	1003	1170
焦作市	336	375	419	462	505	553	613	681	761
邢台市	225	260	298	339	376	419	473	535	615
开封市	565	615	688	797	914	1009	1063	1103	1160
资阳市	53	66	81	100	124	160	213	282	365
渭南市	44	58	77	103	138	191	270	365	475
泰州市	286	341	413	505	624	770	947	1136	1333
广元市	127	149	175	201	229	266	314	376	450
辽阳市	94	118	154	214	306	432	567	676	766
安康市	67	76	86	98	112	129	150	177	209
宣城市	60	75	95	124	160	209	271	341	413
驻马店市	81	100	129	165	206	250	301	353	416
鸡西市	61	73	87	104	127	161	207	268	343
广安市	49	58	67	74	82	92	108	130	156
新余市	135	176	222	283	391	574	835	1111	1371
阜新市	112	133	161	198	246	316	407	494	568
马鞍山市	229	258	302	338	361	374	396	422	468
廊坊市	159	191	231	279	336	414	522	651	799

续表

城市	2004 年	2005 年	2006 年	2007 年	2008 年	2009 年	2010 年	2011 年	2012 年
郴州市	190	204	226	251	278	299	310	322	336
衢州市	119	141	170	208	256	322	407	515	613
眉山市	252	261	272	285	296	303	307	311	315
清远市	45	73	121	197	254	367	458	559	605
佳木斯市	66	81	93	108	122	138	161	190	233
昭通市	46	53	58	65	77	99	129	167	204
攀枝花市	681	733	779	847	924	1015	1109	1188	1275
伊春市	50	60	73	88	108	136	180	234	298
黄石市	154	181	215	258	313	385	480	599	732
北海市	88	117	151	199	270	390	570	713	909
十堰市	141	168	202	240	277	319	381	453	543
安庆市	334	359	392	417	457	516	597	686	780
长治市	335	355	370	383	405	434	470	525	599
安顺市	38	47	58	71	85	101	120	148	198
邵阳市	44	53	63	78	98	128	170	215	264
曲靖市	458	516	578	677	800	954	1097	1243	1398
揭阳市	109	123	137	158	186	224	271	319	378
铜川市	76	91	111	136	163	197	238	285	348
盘锦市	181	211	255	310	365	416	457	504	556
丹东市	322	387	462	547	633	755	924	1124	1333
德阳市	123	151	178	223	287	384	515	674	860
漳州市	150	179	217	267	335	421	528	662	826
赣州市	150	181	213	250	288	337	397	464	552
肇庆市	142	167	194	242	309	399	496	611	745
九江市	345	389	431	473	518	578	663	774	893
三亚市	93	119	155	208	279	381	517	686	878
阳泉市	139	161	193	233	279	337	415	505	587
周口市	109	127	160	200	242	277	315	361	411
舟山市	236	289	357	444	542	653	776	926	1109

续表

城市	2004 年	2005 年	2006 年	2007 年	2008 年	2009 年	2010 年	2011 年	2012 年
阳江市	125	145	171	200	232	279	347	445	541
滨州市	306	415	519	610	638	682	746	830	935
运城市	81	99	119	145	177	225	287	357	431
龙岩市	7	15	33	63	87	148	208	275	308
鹤岗市	79	92	109	131	161	201	257	317	383
池州市	153	179	209	243	286	346	427	520	621
濮阳市	110	126	148	177	213	264	334	398	451
荆门市	87	112	142	183	224	272	334	421	536
绍兴市	954	1023	1087	1143	1193	1247	1311	1394	1490
威海市	622	712	817	931	1054	1205	1380	1573	1761
朝阳市	1345	1630	1979	2406	2884	3439	4078	4808	5591
鹤壁市	91	114	146	191	250	327	422	526	636
承德市	2416	2851	3413	4179	5093	6144	7281	8514	9879
晋中市	85	101	120	145	179	216	256	300	353
榆林市	105	124	153	193	249	318	410	527	667
六盘水市	91	127	168	227	301	407	541	710	904
萍乡市	165	218	293	400	536	701	903	1174	1530
德州市	119	139	162	191	222	265	321	377	448
吉安市	50	62	75	91	110	137	176	225	281
沧州市	112	135	161	191	224	263	313	372	440
四平市	124	143	172	217	280	355	430	501	560
鄂尔多斯市	1126	1299	1494	1698	1907	2156	2466	2806	3203
克拉玛依市	732	891	1072	1296	1571	1986	2579	3306	4114
随州市	95	113	136	159	192	231	281	340	415
白山市	25	35	58	103	172	265	354	424	495
松原市	269	317	383	477	596	742	896	1043	1179
七台河市	175	206	239	279	326	396	502	636	795
滁州市	16	21	45	97	177	256	311	345	372
陇南市	164	190	210	227	239	265	313	358	426

续表

城市	2004 年	2005 年	2006 年	2007 年	2008 年	2009 年	2010 年	2011 年	2012 年
怀化市	50	60	72	84	96	113	140	166	204
梧州市	101	124	149	173	197	229	273	348	460
忻州市	51	59	69	81	97	116	143	170	203
衡水市	312	339	366	385	395	408	431	467	513
巴彦淖尔市	78	95	121	154	193	242	298	364	433
绥化市	23	26	30	34	40	52	71	94	118
乌海市	219	261	303	339	375	435	528	648	789
汉中市	399	479	579	709	871	1093	1372	1675	1970
商洛市	26	31	37	43	51	66	90	123	159
防城港市	121	150	186	233	298	391	520	673	854
汕尾市	97	111	133	160	185	212	244	278	306
咸宁市	51	62	75	94	122	162	218	290	378
白城市	128	146	166	195	237	286	330	367	399
平凉市	169	211	264	328	415	545	722	916	1118
张掖市	78	99	131	175	204	236	257	282	297
张家界市	101	109	117	128	142	162	191	226	256
许昌市	96	114	137	182	235	298	354	417	481
双鸭山市	57	73	98	131	163	198	242	303	378
娄底市	199	234	270	309	353	415	503	618	758
玉溪市	195	215	240	268	295	326	363	410	455
白银市	103	123	148	176	204	237	280	337	414
达州市	83	104	129	158	193	241	310	397	508
铜陵市	147	180	217	252	290	351	445	567	726
晋城市	207	240	282	311	334	352	390	442	509
石嘴山市	154	181	213	246	289	350	434	531	642
景德镇市	237	268	305	338	371	427	517	616	701
辽源市	165	191	222	250	276	310	362	442	546
河源市	152	160	176	199	226	259	298	344	375
南平市	457	557	674	812	969	1219	1590	2060	2573

续表

城市	2004 年	2005 年	2006 年	2007 年	2008 年	2009 年	2010 年	2011 年	2012 年
延安市	117	136	155	174	207	250	304	366	442
丽水市	534	600	671	755	858	984	1135	1305	1500
潮州市	88	101	113	128	152	195	258	331	405
通化市	102	128	168	225	292	370	445	511	565
铁岭市	76	90	109	143	208	312	451	578	686
黄山市	161	195	244	308	382	471	578	683	785
宁德市	238	272	305	345	396	464	556	670	801
酒泉市	162	185	210	235	267	313	374	452	532
定西市	501	550	599	637	663	703	764	846	934
固原市	92	113	139	174	218	264	313	388	502
上饶市	100	120	149	188	239	300	375	441	497
吴忠市	56	68	79	91	108	134	170	211	263
梅州市	247	287	329	379	440	530	658	820	1005
中卫市	97	109	122	136	154	188	226	266	297
庆阳市	446	489	539	594	649	708	770	834	900
百色市	94	117	203	358	570	748	858	900	911
三明市	149	176	207	243	293	374	480	610	748
黄冈市	94	109	127	149	173	202	253	310	372
河池市	38	45	105	218	373	497	570	604	608
临沧市	69	83	100	122	148	183	231	289	359
吕梁市	337	416	521	651	795	963	1169	1401	1700
崇左市	177	230	294	375	458	556	672	824	1017
三门峡市	67	82	104	131	158	186	215	256	314
乌兰察布市	74	87	96	110	126	144	166	198	257
雅安市	57	65	71	76	87	107	138	166	198
云浮市	82	101	125	152	185	230	294	373	461
思茅市*	46	67	106	165	211	244	264	296	342
朔州市	228	246	264	284	320	385	451	512	526
呼伦贝尔市	46	58	71	86	105	130	163	217	287

续表

城市	2004年	2005年	2006年	2007年	2008年	2009年	2010年	2011年	2012年
嘉峪关市	215	233	255	276	294	306	315	325	345
金昌市	73	90	110	132	151	175	207	247	295
鹰潭市	38	48	65	88	114	139	166	199	235
丽江市	234	258	284	312	340	368	399	434	476
黑河市	69	74	77	80	82	86	96	111	129

注：2007年思茅市更名普洱市。

参考文献

［1］安树伟．近年来我国城市环境污染的趋势．危害与治理［J］．城市发展研究，2013（5）．

［2］陈得文，苗建军．空间集聚与区域经济增长内生性研究——基于1995～2008年中国省域面板数据分析［J］．数量经济技术经济研究，2010（9）．

［3］陈建军，胡晨光．产业集聚的集聚效应——以长江三角洲次区域为例的理论和实证分析［J］．管理世界，2008（6）．

［4］陈良文，杨开忠，沈体雁，王伟．经济集聚密度与劳动生产率差异——基于北京市微观数据的实证研究［J］．经济学（季刊），2008（10）．

［5］陈明森，李金顺．中国城镇化进程的政府推动与市场推动［J］．东南学术，2004（4）．

［6］陈诗一．节能减排与中国工业的双赢发展：2009～2049［J］．经济研究，2010（3）．

［7］陈诗一．能源消耗．二氧化碳排放与中国工业的可持续发展［J］．经济研究，2009（4）．

［8］陈哲，刘学敏．“城市病”研究进展和综述［J］．首都经济贸易大学学报，2012（1）．

［9］戴永安．中国城市效率差异及其影响因素——基于地级及以上城市面板数据的研究［J］．上海经济研究，2010（12）．

［10］邓宗宾．中国农业全要素生产率增长及影响因素［D］．重庆：

西南大学学位论文，2010.

［11］范斐，杜德斌，李恒，等．中国地级以上城市科技资源配置效率的时空格局［J］．地理学报，2013，68（10）.

［12］范剑勇，冯猛，李方文．产业集聚与企业全要素生产率［J］．世界经济，2014（5）.

［13］范剑勇，高人元，张雁．空间效率与区域协调发展战略选择［J］．世界经济，2010（2）.

［14］范剑勇，李方文．中国制造业空间集聚的影响：一个综述［J］．南方经济，2011（6）.

［15］范剑勇，张雁．经济地理与地区间工资差异［J］．经济研究，2009（8）.

［16］方创琳，马海涛，王振波，等．中国创新型城市建设的综合评估与空间格局分异［J］．地理学报，2014（4）.

［17］傅晓霞，吴利学．全要素生产率在中国地区差异中的贡献：兼与彭国华和李静等商榷［J］．世界经济，2006（9）.

［18］高鸿鹰，武康平．集聚效应、集聚效率与城市规模分布变化［J］．统计研究，2007（4）.

［19］郝睿．经济效率与地区平等：中国省际经济增长与差距的实证分析（1978～2003）［J］．世界经济文汇，2006（2）.

［20］金相郁．中国区域全要素生产率与决定因素：1996～2003［J］．经济评论，2007（5）.

［21］金煜，陈钊，陆铭．中国的地区工业集聚：经济地理、新经济地理与经济政策［J］．经济研究，2006（4）.

［22］柯善咨，姚德龙．工业集聚与城市劳动生产率的因果关系和决定因素——中国城市的空间计量经济联立方程分析［J］．数量经济技术经济研究，2008（12）.

［23］李谷成，冯中朝，范丽霞，等．农户家庭经营技术效率与全要素生产率增长分解（1999～2003年）——基于随机前沿生产函数与来自湖北省农户的微观证据［J］．数量经济技术经济研究，2007，24（8）.

[24] 李国璋，周彩云，江金荣．中国区域间生产效率差异和 TFP 增长率分解：1978—2007 [J]．统计与决策，2010 (10).

[25] 李佳洺，张文忠，孙铁山，等．中国城市群集聚特征与经济绩效 [J]．地理学报，2014 (4).

[26] 李金滟，宋德勇．新经济地理视角中的城市集聚理论述评 [J]．经济学动态，2008 (11).

[27] 李金滟，宋德勇．专业化、多样化与城市集聚经济——基于中国地级单位面板数据的实证研究 [J]．管理世界，2008，20 (2).

[28] 李胜会，李红锦．要素集聚、规模效率与全要素生产率增长 [J]．中央财经大学学报，2010 (4).

[29] 李胜文，李大胜．我国全要素生产率增长的区域差异 [J]．数量经济技术经济研究，2006，23 (9).

[30] 刘爱梅．我国城市规模两极分化的现状与原因 [J]．城市问题，2011 (4).

[31] 刘建国，李国平，张军涛，等．中国经济效率和全要素生产率的空间分异及其影响 [J]．地理学报，2012，67 (8).

[32] 刘习平，宋德勇．城市产业集聚对城市环境的影响 [J]．城市问题，2013 (3).

[33] 刘晓峰，陈钊，陆铭．社会融合与经济增长：城镇化和城市发展的内生政策变迁 [J]．世界经济，2010 (6).

[34] 刘修岩．产业集聚与经济增长：一个文献综述 [J]．产业经济研究，2009 (3).

[35] 刘修岩．集聚经济与劳动生产率：基于中国城市面板数据的实证研究 [J]．数量经济技术经济研究，2009 (7).

[36] 刘修岩．空间效率与区域平衡：对中国省级层面集聚效应的检验 [J]．世界经济，2014 (1).

[37] 刘修岩，邵军，薛玉立．集聚与地区经济增长：基于中国地级城市数据的再检验 [J]．南开经济研究，2012 (3).

[38] 龙瀛．中国人口密度的时空演变与城镇化空间格局初探：2000 ~

2010 [C]. 城乡治理与规划改革——中国城市规划年会，2014.

[39] 陆铭，高虹，佐藤宏. 城市规模与包容性就业 [J]. 中国社会科学，2012 (10).

[40] 陆铭，向宽虎，陈钊. 中国的城镇化和城市体系调整：基于文献的评论 [J]. 世界经济，2011 (6).

[41] 陆铭. 重构城市体系——论中国区域和城市可持续发展战略 [J]. 南京大学学报（哲学·人文科学·社会科学)，2010，47 (5).

[42] 陆铭. 重思“城市病” [J]. 中国经济报告，2013 (2).

[43] 路江涌，陶志刚. 我国制造业区域集聚程度决定因素的研究 [C]. 经济学：季刊，2007.

[44] 潘海啸. 面向低碳的城市空间结构——城市交通与土地使用的新模式 [J]. 城市发展研究，2010，17 (1).

[45] 庞瑞芝，杨慧. 中国省际全要素生产率差异及经济增长模式的经验分析——对 30 个省（市. 自治区）的实证考察 [J]. 经济评论，2008 (6).

[46] 沈体雁，劳昕，张进洁. 中国区域经济研究中的经济密度研究框架建构 [J]. 华东经济管理，2013 (9).

[47] 沈体雁，张晓欢，赵作权，等. 我国就业密度分布的空间特征 [J]. 地理与地理信息科学，2013，29 (1).

[48] 苏雪串. 城镇化进程中的要素集聚、产业集群和城市群发展 [J]. 中央财经大学学报，2004 (1).

[49] 孙浦阳，韩帅，许启钦. 产业集聚对劳动生产率的动态影响 [J]. 世界经济，2013 (3).

[50] 唐根年，管志伟，秦辉. 过度集聚、效率损失与生产要素合理配置研究 [J]. 经济学家，2009 (11).

[51] 陶长琪，齐亚伟. 中国全要素生产率的空间差异及其成因分析 [J]. 数量经济技术经济研究，2010 (6).

[52] 藤田昌久，蒂斯雅克－弗朗科斯. 集聚经济学 [M]. 刘峰等译. 成都：西南财经大学出版社，2004.

［53］涂正革．全要素生产率与区域经济增长的动力——基于对 1995 ~ 2004 年 28 个省市大中型工业的非参数生产前沿分析［J］．南开经济研究，2007（4）．

［54］涂正革，肖耿．中国的工业生产力革命——用随机前沿生产模型对中国大中型工业企业全要素生产率［J］．经济研究，2005（3）．

［55］汪彩君，徐维祥，唐根年．要素空间集聚与区域经济增长研究综述［J］．经济学动态，2011（9）．

［56］王兵，吴延瑞，颜鹏飞．环境管制与全要素生产率增长：APEC 的实证研究［J］．经济研究，2008（5）．

［57］王兵，吴延瑞，颜鹏飞．中国区域环境效率与环境全要素生产率增长［J］．经济研究，2010（5）．

［58］王桂新．我国大城市病及大城市人口规模控制的治本之道——兼谈北京市的人口规模控制［J］．探索与争鸣，2011（7）．

［59］王争，郑京海，史晋川．中国地区工业生产绩效：结构差异．制度冲击及动态表现［J］．经济研究，2006（11）．

［60］王志平，陶长琪．我国区域生产效率及其影响因素实证分析——基于 2001 ~ 2008 年省际面板数据与随机前沿方法［J］．系统工程理论与实践，2010，30（10）．

［61］魏后凯．中国城镇化进程中两极化倾向与规模格局重构［J］．中国工业经济，2014（3）．

［62］魏下海．贸易开放．人力资本与中国全要素生产率的变动［J］．世界经济研究，2009（3）．

［63］吴丰林，方创琳，赵雅萍．城市产业集聚动力机制与模式研究的 PAF 模型［J］．地理研究，2011，30（1）．

［64］吴延瑞．生产率对中国经济增长的贡献：新的估计［J］．经济学：季刊，2008（3）．

［65］吴颖，蒲勇健．区域过度集聚负外部性的福利影响及对策研究——基于空间经济学方法的模拟分析［J］．财经研究，2008，34（1）．

［66］吴玉鸣，李建霞．中国区域工业全要素生率的空间计量经济分

析［J］. 地理科学，2006（4）.

［67］肖文，王平. 我国城市经济增长效率与城镇化效率比较分析［J］. 城市问题，2011（2）.

［68］谢长青，范剑勇. 市场潜能、外来人口对区域工资的影响实证分析——以东西部地区差距为视角［J］. 上海财经大学学报：哲学社会科学版，2012（3）.

［69］徐盈之，彭欢欢，刘修岩. 威廉姆森假说：空间集聚与区域经济增长——基于中国省域数据门槛回归的实证研究［J］. 经济理论与经济管理，2011（4）.

［70］许政，陈钊，陆铭. 中国城市体系的"中心—外围模式"［J］. 世界经济，2010（7）.

［71］颜鹏飞，王兵. 技术效率. 技术进步与生产率增长：基于 DEA 的实证分析［J］. 经济研究，2004（12）.

［72］叶裕民. 全国及各省区市全要素生产率的计算和分析［J］. 经济学家，2002（3）.

［73］赵红军. 市场经济条件下我国城镇化进程中的政府角色再定位——从交易效率视角的考察［J］. 世界经济情况，2005（22）.

［74］赵伟，马瑞永，何元庆. 全要素生产率变动的分解——基于 Malmquist 生产力指数的实证分析［J］. 统计研究，2005（7）.

［75］赵伟，张萃. 中国制造业区域集聚与全要素生产率增长［J］. 上海交通大学学报（哲学社会科学版），2008（5）.

［76］周圣强，朱卫平. 产业集聚一定能带来经济效率吗：规模效应与拥挤效应［J］. 产业经济研究，2013（3）.

［77］周晓艳，韩朝华. 中国各地区生产效率与全要素生产率增长率分解（1990～2006）［J］. 南开经济研究，2009（5）.

［78］周一星，曹广忠. 改革开放 20 年来的中国城镇化进程［J］. 城市规划，1999（12）.

［79］Abdel－Rahman H. and M. Fujita. Product Variety，Marshallian Externalities and City Sizes［J］. Journal of Regional Science，1990（30）：165－183.

[80] Aberg, Y. Regional Productivity Differences in Swedish Manufacturing [J]. Regional and Urban Economics, 1973 (3): 131 - 156.

[81] Aigner, J., Lovell K. and Schmidt, P.. Formulation and Estimation of Stochastic Frontier Production Function Models [J]. Journal of Econometric, 1977 (6): 21 - 27.

[82] Amott R J. Unpriced Transport Congestion [J]. Journal of Economic Theory, 1979 (21): 294 - 316.

[83] Arnold M, Wied D. Improved GMM Estimation of Random Effects Panel Data Models with Spatially Correlated Error Components [J]. Papers in Regional Science, 2014, 93 (1): 77 - 99.

[84] Au C, Henderson J V. Are Chinese Cities Too Small? [J]. Review of Economic Studies, 2006, 73 (3): 549 - 576.

[85] Battese, G. E., Coelli, T. J. A Model for Technical Inefficiency Effects in a Stochastic Frontier Production Function for Panel Data [J]. Empirical Economics, 1995 (20): 325 - 332.

[86] Blomquist G C, Berger M C and Hoehn J P. New Estimates of Quality of Life in Urban Areas [J]. American Economic Review, 1988, 78 (1): 89 - 107.

[87] Button, K. J., Urban Economics: Theory and Policy [M]. Macmillan Press, Limited, 1976.

[88] Chambers R., Y. H. Chung and R. Fare. Benefit and Distance Function [J]. Journal of Economic Theory, 1996 (70): 407 - 419.

[89] Charnes, A., Cooper, W. W. and Rhodes, E. Measuring the Efficiency of Decision Making Units [J]. European Journal of Operational Research, 1978 (6).

[90] Chung, Yangho H., Rolf Färe, and Shawna Grosskopf. "Productivity and Undesirable Outputs: A Directional Distance Function Approach," [J]. Journal of Environmental Management, 1997 (51): 229 - 240.

[91] Chung, Yangho, Rolf Fare Shawna Grosskopf. Productivity and Un-

desirable Outputs: A Directional Distance Function Approach [J]. Journal of Environmental Management, 1997 (51): 229-240.

[92] Ciccone, A. Agglomeration Effects in Europe [J]. European Economic Review, 2002 (46): 213-227.

[93] Ciccone A, Hall R E. Productivity and the Density of Economic Activity [J]. The American Economic Review, 1996, 86 (1): 54-70.

[94] Ciccone A, Hall R E. Productivity and the Density of Economic Activity. [J]. Working Papers, 1993, 86 (1): 54-70.

[95] Cingano F, Schivardi F. Identifying the sources of local productivity growth [J]. Journal of the European Economic Association, 2004 (2): 720-742.

[96] Combes P, Duranton G and Gobillon L, et al. The Productivity Advantages of Large Cities: Distinguishing Agglomeration from Firm Selection [J]. Econometrica, 2012, 80 (6): 2543-2594.

[97] Combes P P, Duranton G, Overman H G. Agglomeration and the adjustment of the spatial economy [J]. Henry G. Overman, 2005, 84 (3): 311-349.

[98] Cowgill, Paul Andrew, 2001, A Productivity and efficiency analysis of post-reform China. PhD Dissertation, University of Georgia.

[99] Davis, D. R., Weinstein, D. E., Economic Geography and Regional Produciton Structure: An Empirical Investigation [J]. European Ecomomic Review, 1999 (43): 379-407.

[100] D. P. Urbanization patterns: European versus less developed countries. [J]. Journal of Regional Science, 1998, 38 (2): 231-252.

[101] Duranton G. Urban Evolutions: The Fast, the Slow, and the Still [J]. American Economic Review, 2007, 97 (1): 197-221.

[102] Edward L. Glaeser. Are Cities Dying. The Journal of Economic Perspectives, 1998 (12): 139-160.

[103] Fallah, Belal & Partridge, Mark. Geography and High-Tech Em-

ployment Growth in US Counties [J]. Journal of Economic Geography, 2012 (2): 1468 - 1593.

[104] Färe R, Grosskopf S, Lovell CAK. "Multilateral Productivity Comparisons When Some Outputs are Undesirable: a Nonparametric Approach" [J]. The Review of Economics and Statistics, 1989, 71: 90 - 98.

[105] Farrell M J, Michael J. "The Measurement of Productive Efficiency" [J]. Journal of the Royal Statistic society, 1957 (120): 252 - 259.

[106] Färe R, Grosskopf S. Directional distance functions and slacks-based measures of efficiency: Some clarifications [J]. European Journal of Operational Research, 2010, 206 (3): 702.

[107] Fujita, Masahisa. Thünen and the New Economic Geography [J]. Regional Science and Urban Economics, 2012 (42): 907 - 912.

[108] Fujita M, Krugman P. When is the economy monocentric?: von Thunen and Chamberlin unified [J]. Regional Science and Urban Economics, 1995, 25 (4): 505 - 528.

[109] Fujita, M., P. Krugman, and A. Venables, The Spatial Economy: Cities, Regions and International Trade [M]. Cambridge, Mass: MIT Press, 1999.

[110] Fujita M., Thisse J. F. The Economics of Agglomeration [M]. Cambridge: Cambridge University press, 2002.

[111] Fujita, M. Thünen and the new economic geography [J]. Regional Science and Urban Economics, 2012 (42): 907 - 912.

[112] Fukuyama H, Weber W L. A directional slacks-based measure of technical inefficiency [J]. Socio - Economic Planning Sciences, 2009, 43 (4): 274 - 287.

[113] Fu S, Hong J. Testing Urbanization Economics in Manufacturing Industries: Urban Diversity or Urban Size? [J]. Journal of Regional Science, 2011, 51 (3): 585 - 603.

[114] Gardiner B, Martin R, Sunley P, et al. Spatially Unbalanced

Growth in the British Economy [J]. Journal of Economic Geography, 2013, 13 (6): 889 -928.

[115] Glaeser Edward L. , Matthew G. The Complementarity Between Cities and Skills [J]. Journal of Regional Science, 2010 (50): 221 -244.

[116] Glaeser E L, Kallal H, Scheinkman J A, et al. Growth in Cities [J]. Social Science Electronic Publishing, 1991, 100 (6): 1126 -1152.

[117] Hailu A, VeemanT5. "Non - Parametric Productivity Analysis with Undesirable Outputs: An Application to the Canadian Pulp and Paper Industry" [J]. American Journal of Agricultural Economics, 2001 (83): 605 -616.

[118] Harris R, Moffat J. Is Productivity Higher in British Cities? [J]. Journal of Regional Science, 2012, 52 (5): 762 -786.

[119] Holmes T J. Localization of industry and vertical disintegration [J]. Thomas J. Holmes, 1995, 81 (2): 314 -325.

[120] Hu Jirrli, Her Jiun Sheu and Shin - Fanglo. Under the Shadow of Asian Brown Clouds: Unbalanced Regional Productivities in China and Environmental Concerns [J]. International Journal of Sustainable Development & World Ecology, 2005 (1): 429 -442.

[121] Ioannides Y M, Overman H G. Zipf's Law For Cities: an Empirical Examination 1 [J]. Regional Science and Urban Economics, 2000, 33: 127 -137.

[122] Jefferson, M. , The Law of the Primate City [J]. Geographical Review, 1939, 29 (4): 226 -232.

[123] Kaneko S. , Managi S. Environmental Productivity in China [J]. Economics Bulletin, 2004, 17 (2): 1 -10.

[124] Krugman, P. , 1991b, A Dynamic Spatial Model: NBER [A]. Working Paper, No. 4219.

[125] Krugman, P. , Geography and Trade [M]. Cambridge: MIT Press, 1991a.

[126] Krugman P R. Increasing Returns and Economic Geography [J].

Social Science Electronic Publishing, 1990, 99 (3): 483 -499.

[127] Krugman P. Scale Economics, Product Differentiation, and the Pattern of Trade [J]. American Economic Review, 1980, 70 (5): 950 -959.

[128] Kumbhakar S C, Lovell C A K. Stochastic frontier analysis [M]. New York: Cambridge University Press, 2000: 216 -259.

[129] Kumbhakar, Subal C. Estimation and Decomposition of Productivity Change When Production is not Efficient: A Panel Data Approach [J]. Econometric Review, 2000 (19): 425 -460.

[130] Lin H, Li H and Yang C. Agglomeration and Productivity: Firm-level Evidence from China's Textile Industry [J]. China Economic Review, 2011, 22 (3): 313 -329.

[131] Mao W, Koo W W. Productivity Growth, Technological Progress, and Efficiency Change in Chinese Agriculture After Rural Economic Reforms: A DEA Approach [J]. China Economic Review, 1997, 8 (2): 157 -174.

[132] Marshall, A., Principles of Economics [M]. Macmillan, London, 1890. 8th Edition Published in 1920.

[133] Martin P, Mayer T and Mayneris F. Spatial Concentration and Plant-level Productivity in France [J]. Journal of Urban Economics, 2011, 69 (2): 182 -195.

[134] Matthias Cinyabuguma, Virginia Mcconnell. Urban Growth Externalities and Neighborhood Incentives: Another Cause of Urban Sprawl? [J]. Journal of Regional Science, 2013 (53): 332 -348

[135] Meeusen W, van den Broeck J. Efficiency Estimation from Cobb -Douglas Production Functions with Composed Error [J]. International Economic Review, 1977, 18 (2): 435 -444.

[136] Mera K. On the Urban Agglomeration and Economic Efficiency [J]. Economic Development and Cultural Change, 1973: 309 -324.

[137] Mohtadi H. Environment, Growth and Optimal Policy Design [J].

Journal of Public Economics, 1996 (63): 119 - 140.

[138] M. Solow R. Technical Change and the Aggregate Production Function [J]. Review of Economics and Statistics, 1957, 39 (3): 312 -320.

[139] Nitsch V. Zipf zipped [J]. Journal of Urban Economics, 2005, 57 (1): 86 - 100.

[140] Pan Z, Zhang F. Urban Productivity in China [J]. Urban Studies (Routledge), 2002, 39 (12): 2267 -2281.

[141] Papageorgiou Y Y. Population Density in a Central-place System [J]. Journal of Regional Science, 2014, 54 (3): 450 -461.

[142] Prud'homme R, Lee C. Size, Sprawl, Speed and the Efficiency of Cities [J]. Urban Studies, 1999, 36 (11): 1849 - 1858.

[143] Puga D. The Magnitude and Causes of Agglomeration Economies [J]. Journal of Regional Science, 2010, 50 (17): 203 -219.

[144] Quigley, J. M. Urban Economics [J]. The New Palgrave Dictionary of Economics, 2nd Edition, eds. Steve N. Durlauf & Lawrence E. Blume, Palgrave Macmillan, 2008.

[145] Ramanathan Ramakrishnan. An Analysis of Energy Consumption and Carbon Dioxide Emissions in Countries of the Middle East and North Africa [J]. Energy, 2005, 30 (15): 2831 -2842.

[146] R. D. Banker, A. Charnes, W. W. Cooper. Some Models for Estimating Technical and Scale Inefficiencies in Data Envelopment Analysis [J]. Management Science, 1984 (30): 155 - 173.

[147] Rice P, Venables A J. Spatial determinants of productivity: analysis for the Regions of Great Britain [J]. London School of Economics, 2005, 36 (6): 727 -752.

[148] Rolf Färe, Shawna Grosskopf, Carl A. Pasurka, Jr. , "Accouting for Air Pollution Emissions in Measures of State Manufacturing Productivity Growth" [J]. 2001, 41 (3): 381 -409.

[149] Rolf Färe, Shawna Grosskopf and Carl A. Pasurka Jr. "Environmen-

tal Production Functions and Environmental Directional Distance Functions" [J]. Energy, 2006: 1 -12.

[150] Rolf Färe, Shawna Grosskopf, Carl A. Pasurka, Jr., "Pollution Abatement Activities and Traditional Productivity" [J]. Ecological Economics, 2007, 62: 673 -682.

[151] Rosenthal S S, Strange W C. Evidence on the Nature and Sources of Agglomeration Economies [J]. Handbook of Regional and Urban Economics, 2004.

[152] Samuelson P A. A Theory of Induced Innovation along Kennedy - Weisäcker Lines [J]. The Review of Economics and Statistics, 1965 (4): 343 -356.

[153] Solow, Robert M.. Technical Change and the Aggregate Production Function [J]. The Review of Economies and Statistics, 1957, 39 (3): 312 -320.

[154] Soo K T. Zipf, Gibrat and geography: Evidence from China, India and Brazil [J]. Papers in Regional Science, 2013, 93 (1): 159 -181.

[155] Stover M E. Methodological Issues in the Determination of the Quality of Life in Urban Areas [J]. Urban Stud, 1992, 29 (5): 737 -754.

[156] Sveikauskas L. The Productivity of Cities [J]. Quarterly Journal of Economics, 1975 (3): 393 -413.

[157] V. Henderson J. Efficiency of Resource Usage and City Size [J]. Journal of Urban Economics, 1986 (19): 47 -70.

[158] V. Henderson J. The Sizes and Types of Cities [J]. The American Economic Review, 1974 (4): 640 -656.

[159] Wainwright T. Finance's Outsiders?: Networks, Knowledge and Power Beyond the City [J]. Journal of Economic Geography, 2013: 1041 - 1058.

[160] Watanabe, M., K. Tanaka. Efficiency Analysis of Chinese Industry: A Directional Distance Function Approach [J]. Energy Policy, 2007, 35

(12): 6323 -6331.

[161] Wen Y. The Spillover Effect of FDI and its Impact on Productivity in High Economic Output Regions: A Comparative Analysis of the Yangtze River Delta and the Pearl River Delta, China [J]. Papers in Regional Science, 2014, 93 (2): 341 -365.

[162] Wheeler C H. Evidence on Agglomeration Economies, Diseconomies, and Growth [J]. Journal of Applied Econometrics, 2003, 18 (1): 79 -104.

[163] Wu. Is Chinas Economic Growth Sustainable? A Productivity Analysis [J]. China Economic Review, 2000 (11): 278 -29.

[164] Zheng J, HU A. An Empirical Analysis of Provincial Productivity in China (1979—2001) [J]. China Economic Quarterly, 2005, 4 (3): 221 -239.